# COMÉRCIO ELECTRÓNICO
# CONTRATOS ELECTRÓNICOS
# E INFORMÁTICOS

SEBASTIÃO NÓBREGA PIZARRO
Advogado

# COMÉRCIO ELECTRÓNICO CONTRATOS ELECTRÓNICOS E INFORMÁTICOS

ALMEDINA
1955-2005

# COMÉRCIO ELECTRÓNICO
# CONTRATOS ELECTRÓNICOS
# E INFORMÁTICOS

AUTOR
SEBASTIÃO NÓBREGA PIZARRO

EDITOR
EDIÇÕES ALMEDINA. SA
Rua da Estrela, n.º 6
3000-161 Coimbra
Tel.: 239 851 904
Fax: 239 851 901
www.almedina.net
editora@almedina.net

EXECUÇÃO GRÁFICA
G.C. – GRÁFICA DE COIMBRA, LDA.
Palheira – Assafarge
3001-453 Coimbra
producao@graficadecoimbra.pt

Julho, 2005

DEPÓSITO LEGAL
230484/05

Toda a reprodução desta obra, seja por fotocópia ou outro qualquer processo,
sem prévia autorização escrita do Editor
é ilícita e passível de procedimento judicial contra o infractor.

# I – Introdução

Numa sociedade em que as novas tecnologias assumem cada vez um papel mais preponderante, torna-se imperativa a adequação do Direito ás mais recentes formas de estar e agir.

Sem procurar esgotar esta temática, tarefa quase impossível, abordamos clara e tão sucintamente quanto possível, evitando pormenores tecnicistas, o comércio electrónico, algumas das suas variantes e alguns dos seus problemas.

Nesta abordagem teríamos de incluir os contratos electrónicos, verdadeira essência do comércio electrónico. Procuramos defini-los, invocando as suas principais características, à luz do direito internacional e do direito civil actual.

Por outro lado, não faria sentido, até porque as ligações são óbvias, não abordar os contratos informáticos, cujo crescimento, aliado à constante evolução tecnológica, é uma constante. De forma a propiciar o seu conhecimento prático, juntamos algumas minutas deste tipo contratual.

Por fim, porque se não o fizéssemos prejudicariamos o carácter consultivo deste trabalho, que se pretende claro e acessível, entendemos incluir os diplomas legislativos que consideramos mais relevantes neste contexto.

Porque entendemos que é indispensável a qualquer jurista, que pretenda lidar com as matérias do Direito e da Informática ou, porque não dizê-lo, do emergente Direito da Informática, conhecer, compreender e exercer algum domínio sobre as novas tecnologias e o seu contexto jurídico, aqui deixamos a nossa contribuição.

## II – O Comércio Electrónico

Se atentarmos na definição tradicional de Comércio, que se entende pela permuta de produtos naturais ou manufacturados (troca de produtos por outros), bem como a troca de valores (permuta de produtos por dinheiro), em cuja prática se mantenha o intuito lucrativo para ambas as partes, podemos concluir que Comércio Electrónico, será basicamente, a operação que consiste em comprar mercadorias e serviços por meio electrónico.

Assim, este tipo de comércio, é constituído por todos os negócios efectuados electronicamente entre duas ou mais pessoas ou empresas.

Por outras palavras, o Comércio Electrónico corresponderá à compra e venda de informação, produtos e serviços por meio de redes de computadores que empregam circuitos de telecomunicações para se interligarem.

De acordo com Kalakota e Whinston [1] o Comércio Electrónico pode ser definido de acordo com as seguintes perspectivas:

- Numa perspectiva de comunicações, o Comércio Electrónico é a entrega de informações, produtos, serviços e pagamentos, através de linhas telefónicas, redes de computadores ou qualquer outro meio electrónico;
- Numa perspectiva negocial ou de processo de negócio, o Comércio Electrónico é a aplicação de meios tecnológicos para a automação de transacções e envio e recepção de dados;
- Numa perspectiva de serviço, trata-se de um elemento caro às empresas e consumidores, já que diminui custos, ao mesmo tempo que aumenta a velocidade de entrega do serviço.
- Por fim, numa perspectiva *on line*, o Comércio Electrónico fornece a capacidade de transaccionar produtos e informações na Internet e outros serviços *on line*.

---

[1] Kalakota, R.,Whinston, A. – "Electronic Commerce: A manager´s guide". New York: Addisson – Wesley, 1997.

O Comércio Electrónico[2] assenta, assim, em dois pilares fundamentais: a tecnologia e os negócios.

Como entende a Comunidade Europeia, através da COM/97/0157 – "Uma iniciativa europeia para o Comércio Electrónico"[3]:

> *O comércio electrónico permite fazer negócios por via electrónica. Baseia-se no processamento e transmissão electrónicos de dados, incluindo texto, som e imagem. Abrange actividades muito diversas, que incluem o comércio electrónico de bens e serviços, a entrega em linha de conteúdo digital, as tranferências financeiras electrónicas, o comércio electrónico de acções, conhecimentos de embarque electrónicos, leilões comerciais, concepção e engenharia em cooperação, determinação em linha das melhores fontes para aquisições (sourcing), contratos públicos, comercialização directa ao consumidor e serviço após venda.*

Alguns autores classificam o CE em directo e indirecto. No primeiro verificamos que tanto o pedido, como o tratamento e o envio de bens ou serviços se produzem *on-line*. É o que acontece quando se trata da venda de *software* ou de cursos de formação. No segundo, a aquisição e o pagamento são feitos *on-line*, mas o envio dos bens adquiridos tem de utilizar os canais de distribuição normais.

No mesmo sentido aponta a CEE[4], referindo que no CE se inclui o CE indirecto, que corresponde às encomendas electrónicas de bens corpóreos, que continuam a ter de ser entregues fisicamente utilizando os canais tradicionais, e o CE directo, relativo às encomendas electrónicas de bens incorpóreos e serviços, onde a encomenda o pagamento e a entrega são em linha.

Ao contrário do que se possa pensar, não estamos perante um simples substituto das formas tradicionais de transaccionar serviços e mercadorias, mas sim perante uma nova "ferramenta" de negócio, imprescindível a qualquer organização actual.

Não constitui novidade o facto do CE se estar a expandir no mercado de consumo global, formado pela convergência de dinheiro, comércio e redes.

As empresas, conscientes da velocidade desta expansão, desenvolvem aplicações de consumo onde o consumidor pode olhar, verificar e mostrar

---

[2] Que doravante denominamos CE.

[3] De 15/04/97, publicada no J. O. n.º C 4 – 0297, da qual mais tarde falaremos.

[4] Na Comunicação supra referida.

## II – O Comércio Electrónico

os produtos em variadas lojas *on line* colocadas ao seu dispor, a fim de os poder, com um simples carregar de tecla [5], adquirir.

Actualmente, podemos apontar, a título de exemplo, três tipos de aplicações correntes, desenvolvidas para o mercado de consumo:

– serviços financeiros.
– compra de produtos e serviços [6].
– serviços de carácter educacional ou informativo.

Aos serviços financeiros, pela importância que revestem no incremento do CE, daremos particular relevância.

De entre os serviços financeiros, o *home banking* ou banca electrónica [7] é o mais importante. De uma forma simplista o *home banking* nada mais é do que uma forma sofisticada de permitir ao utilizador, a gestão das suas finanças pessoais, a partir do seu computador particular [8].

---

[5] Denominados contratos *click wrap*. Ao utilizador basta pulsar um botão para demonstrar a aceitação da proposta que lhe é sugerida.

[6] A compra de produtos e serviços – *home shopping* – é um exemplo claro de CE, talvez o mais frequentemente utilizado.

Muitas empresas apostaram na criação e divulgação de grandes centros comerciais *on line – shopping centers on line –*, onde os consumidores podem, de forma fácil, escolher de entre um vastíssimo leque de produtos.

Atente-se no caso da Amazon uma livraria por muitos considerada o melhor modelo de comércio electrónico para o futuro.

A Amazon tem demostrado duas grandes virtudes.

A primeira reside no facto de conter nas suas prateleiras virtuais cerca de 2,5 milhões de livros, muito mais do que qualquer uma das maiores livrarias do Mundo. É óbvio que a Amazon, efectivamente, não possui mais do que um reduzido stock de livros, essencialmente as novidades editoriais. De facto, a maioria dos livros são pedidos, por meio electrónico, directamente aos distribuidores e editoras, o que lhe permite obter custos baixos, reduzindo significativamente os preços ao consumidor, face à concorrência.

A segunda virtude reside no facto da Amazon não se limitar á venda de livros. Na procura da fidelização do consumidor/cliente, a Amazon desenvolveu um serviço que fornece todo o tipo de informações sobre livros, conteúdos, seus autores, etc.. Por outro lado, a empresa procura conhecer o perfil dos seus clientes, nomeadamente as suas preferências, a fim de lhes enviar *e-mails* sobre novas publicações, reedições, biografias dos autores, procurando a satisfação completa da sua clientela.

[7] Os bancos utilizam várias denominações para este serviço, como *PC Banking, Electronic Banking* ou *Internet Banking*.

[8] À partida, oferece evidentes vantagens para os consumidores e para as entidades bancárias. Para uns permite-lhes evitar a espera, por vezes longa, para o atendimento ao balcão do Banco e para os outros proporciona uma oportunidade para

No seguimento de Albertin [9] os serviços de *home banking* são, normalmente, classificados como básicos, intermediários e avançados.

Os primeiros referem-se à obtenção de extractos de conta, requisição de cheques e outros serviços básicos igualmente disponíveis nas máquinas ATM [10].

Os serviços intermediários têm a ver com a gestão da carteira de títulos, entre outras funções.

Os últimos, reportam-se à possibilidade de negociação de moeda e à gestão de cartões de crédito ou débito.

O *home banking* nasceu da necessidade sentida pelas instituições bancárias de facilitar e flexibilizar o acesso dos consumidores aos novos produtos financeiros.

Numa primeira fase, as máquinas ATM, introduzidas nos EUA pelo Citicorp, na década de setenta, tinham como função essencial os depósitos e levantamentos de dinheiro. Destinavam-se, essencialmente, a clientes com um saldo bancário baixo.

As instituições bancárias acreditavam que todos os clientes com saldos elevados preferiam o atendimento personalizado, nas suas dependências.

Na verdade, não aconteceu bem assim. Os clientes, na sua generalidade, consideravam as ATM´s mais convenientes, já que estavam permanentemente a funcionar, sem sujeição a qualquer horário, e não era necessário esperar, por vezes em longas filas, para obter os serviços pretendidos.

Rapidamente, o volume de transações realizadas em ATM´s cresceu, vindo a desencadear a proliferação deste tipo de máquinas.

Em simultâneo, os Bancos, constatando que os consumidores, cada vez em maior número, realizavam as transações em lugares não tradicionais, como os supermercados, aeroportos, estações de comboio, e solicitavam a prestação de novos serviços, criaram redes que permitissem a progressiva satisfação destas novas necessidades.

---

a redução de custos, quer na construção de mais dependências, quer na contratação de mais pessoal, entre outras.

A título de exemplo, calcula-se que o processamento de uma transação *on line* custa cerca de 6 vezes menos que o custo de processar um cheque.

[9] Albertin, A. – "Comércio Electrónico" – Editora Atlas, São Paulo, 1999.

[10] ATM – Automated Teller Machines

*II – O Comércio Electrónico*                                              11

A consequência óbvia desta situação, está no facto dos consumidores passarem a considerar preferencial a tecnologia aplicada e os serviços prestados, em vez do nome do próprio Banco.

O passo seguinte na automação bancária foi o *home banking*, que rapidamente se expandiu, não obstante a necessidade do consumidor ter de investir na aquisição de um computador, de um *modem* [11], e de um *software* [12] adequado.

Tudo aponta para a natural expansão do *home banking*. A vida cada vez mais ocupada dos consumidores e a maior facilidade na utilização da tecnologia posta ao seu dispor, têm incentivado o seu uso.

Atentemos com mais profundidade neste serviço financeiro.

O *home banking* possibilita a um Banco, como referimos, incluir dentro dos serviços prestados aos seus clientes, a realização de diversas transacções. Assim acontece com a verificação de saldos, movimentação de contas e as transferências bancárias e interbancárias. Acrescente-se ainda a possibilidade de efectuar pagamentos, transaccionar acções e definir aplicações financeiras a curto, médio e longo prazo [13].

Não representando para o utilizador um encargo importante, o *home banking*, em termos particulares ou empresariais, apresenta variadas vantagens como a possibilidade de, ininterruptamente, se poder aceder à respectiva conta, desde que seja introduzido o respectivo código de acesso fornecido pela entidade bancária.

Sem deixar de prosseguir os seus interesses comerciais e os dos seus clientes, disponibilizando uma poupança de tempo e dinheiro, as instituições financeiras utilizaram a Internet como forma de difusão dos seus produtos financeiros, aliada à simples gestão de contas bancárias [14].

---

[11] Aparelho que permite ligar um computador á linha telefónica, podendo assim estabelecer ligação á Internet, a outros computadores, ou ainda desempenhar as funções de fax.

[12] *O Software* é constituído pelos dados, sistema operativo e todo o tipo de programas e linguagens de informação inseridos no computador.

[13] Também a requisição de cheques, simulações de crédito, etc.. Os bancos não são uniformes na proposta de serviços, que variam de acordo com a sua estratégia comercial.

[14] Assim, o sector bancário tem desenvolvido outras aplicações da tecnologia de informação como o *e – cash* – dinheiro electrónico utilizado como meio electrónico de pagamento –, que pretende proceder à substituição do dinheiro em papel como método de pagamento *on-line* e o *e- check* – cheque electrónico, também usado como meio de pagamento, entre outras.

## 12  Comércio Electrónico Contratos Electrónicos e Informáticos

Neste contexto assistiu-se à desmaterialização da moeda, a qual não perdendo o seu real valor, perdeu a sua existência física.

A moeda electrónica teve consagração legal na Directiva 2000/46/ /CE de 18 de Setembro de 2000 [15], que veio regular o acesso à actividade das instituições de moeda electrónica e ao exercício da mesma [16].

Considerando a moeda electrónica *como um substituto electrónico das moedas e notas de banco, que é armazenado num suporte electrónico tal como um cartão inteligente ou na memória de um computador e se destina geralmente a efectuar pagamentos electrónicos de quantias limitadas*, a Directiva propõe-se criar e instituir *um enquadramento regulamentar que permita explorar todas as vantagens potenciais da moeda electrónica*, evitando qualquer tipo de obstáculos à inovação tecnológica.

A alínea b) do n.º 3 do artigo 1.º define moeda electrónica como *um valor monetário, representado por um crédito sobre o emitente, e que seja*:

*i) Armazenado num suporte electrónico,*

*ii) Emitido contra a recepção de fundos de um valor não inferior ao valor monetário emitido,*

*iii) Aceite como meio de pagamento por outras empresas que não o emitente.*

Assegurando a paridade entre a moeda física e a moeda electrónica, o artigo 3.º estipula o carácter reembolsável desta última:

*1 – Os portadores de moeda electrónica podem, durante o período de validade, pedir ao emitente o respectivo reembolso por valor nominal em moedas e notas de banco ou por transferência para uma conta, sem outros encargos que não os estritamente necessários para efectuar essa operação.*

*2 – O contrato entre o emitente e o portador estabelecerá claramente as condições de reembolso.*

*3 – O contrato pode estiplular um limite mínimo de reembolso. Esse limite não pode exceder 10 euros.*

Estas Directivas, pelo facto de garantirem que a moeda electrónica apenas pode ser emitida por instituições que preencham os requisitos

---

[15] Publicada no J. O. n.º L275/39 de 27/10/2000.

[16] Esta Directiva foi alterada pela Directiva 2000/28/CE de 18 de Setembro, publicada no J. O. N.º L 275 de 27/10/2000.

*II – O Comércio Electrónico* 13

jurídicos e financeiros nelas previstos, têm óbvia importância no quadro da protecção dos consumidores e dos seus pagamentos.

O Decreto Lei 42/2002 de 2 de Março [17] transpôs estes diplomas comunitários para o ordenamento jurídico nacional.

No seu artigo 4.º é definida quer a noção de moeda electrónica, quer a sua possibilidade de reembolso. Assim:

> *1 – Moeda electrónica é um valor monetário, representado por um crédito sobre o emitente:*
>
> *a) Armazenado num suporte electrónico;*
> *b) Emitido contra a recepção de fundos; e*
> *c) Aceite como meio de pagamento por outras entidades que não a emitente.*
>
> *2 – Os fundos a que se refere a alínea b) do número anterior não podem ter um valor inferior ao valor monetário emitido.*
>
> *3 – A moeda electrónica é reembolsável, a pedido dos portadores e durante o período de validade, pelo valor nominal, em moedas e notas de banco ou por transferência bancária, sem outros encargos que não os estritamente necessários à realização dessa operação.*
>
> *4 – As condições de reembolso da moeda electrónica devem ser claramente estabelecidas por contrato entre a instituição emitente e o portador.*
>
> *5 – O limite mínimo de reembolso, se existir, deve ser estabelecido no contrato a que se refere o número anterior e não pode exceder (euro) 10.*
>
> *6 – O disposto neste artigo é aplicável a todas as instituições de crédito autorizadas a emitir moeda electrónica.*

A par da moeda electrónica, a factura electrónica contribuiu, igualmente de forma decisiva para a implementação do CE.

Na verdade, estamos a falar de negócios electrónicos: a ordem de compra, o pagamento e a factura electrónica.

Proporcionando uma forte diminuição do fluxo de documentos em suporte de papel, a factura electrónica fortalece, porque simplifica os procedimentos, as relações empresariais, contribuindo para uma maior celeridade nas transacções comerciais, assim como uma maior transparência

---

[17] Publicado no DR n.º 52.

# 14 Comércio Electrónico Contratos Electrónicos e Informáticos

das mesmas [18]. É assim, hoje, corrente para as empresas a adopção de soluções de facturação electrónica – *e-billing* ou *electronic billing*.

Em termos comunitários, a Directiva 2001/115/CE de 20 de Dezembro [19] prevê a criação de *um enquadramento jurídico para a utilização da facturação electrónica que permita salvaguardar as possibilidades de controlo das administrações fiscais.*

A alínea c) do artigo 2.º equipara as facturas em suporte de papel às facturas electrónicas estabelecendo que:

> *As facturas emitidas por força do disposto na alínea a) poderão ser transmitidas em suporte papel ou, sob reserva de aceitação pelo destinatário, por via electrónica.*

> *As facturas transmitidas por via electrónica serão aceites pelos Estados-Membros, desde que sejam garantidas a autenticidade da sua origem e a integridade do seu conteúdo.*

Mais adiante, refere a alínea e) do mesmo artigo:

> *Para efeitos das alíneas c) e d), entende-se por transmissão e armazenagem de uma factura "por via electrónica", a transmissão ou a colocação à disposição do destinatário e a armazenagem efectuadas mediante equipamento electrónico de processamento (incluindo a compressão digital) e armazenagem de dados, utilizando o fio, a rádio, meios ópticos ou outros meios electromagnéticos.*

O Decreto Lei 256/2003 de 21 de Outubro [20] transpôs esta Directiva para a ordem jurídica interna.

Este diploma que pretende *simplificar, modernizar e harmonizar, em matéria de IVA, vários aspectos e condicionalismos relacionados com a obrigação de facturação,* equipara, tal como a Directiva, a factura electrónica à factura em papel. A título de exemplo, a alteração introduzida no n.º13 do artigo 28.º do Código do IVA:

---

[18] Em termos tributários a factura electrónica ajuda ao cumprimento das obrigações fiscais. E isto, quer porque permite a simplificação do armazenamento das facturas, evitando a disponibilização de logística própria para o efeito – como acontece com as facturas tradicionais –, quer porque simplifica o controle tributário, pois o seu armazenamento em suporte informático possibilita uma fácil consulta e o rápido cruzamento de dados, quer ainda porque dificulta a possibilidade de falsificação. Diga-se ainda, de acordo com dados recentes, a utilização de facturas electrónicas constituiu um incentivo para as empresas inicializarem a digitalização de outros documentos, com os benefícios daí inerentes.

[19] Publicada no J. O. n.º L 15/24 de 17/01/2002.

[20] Publicado no DR n.º 244.

*Consideram-se documentos equivalentes a factura os documentos e, no caso de facturação electrónica, as mensagens que, contendo os requisitos exigidos para as facturas, visem alterar a factura inicial e para ela façam remissão.*

No mesmo sentido,, mais clarificador, a alteração do n.º10 do artigo 35.º do mesmo Código:

*As facturas ou documentos equivalentes podem, sob reserva de aceitação pelo destinatário, ser emitidos por via electrónica, desde que seja garantida a autenticidade da sua origem e a integridade do seu conteúdo, mediante assinatura electrónica avançada ou intercâmbio electrónico de dados.*

Aos sujeitos passivos do imposto é permitido o arquivamento em suporte electrónico das suas facturas, carecendo de autorização prévia da DGI, como dispõem os n.ºˢ 4 e 5 do artigo 52.º do citado Código:

*4 – Salvo o disposto em legislação especial, só é permitido o arquivamento em suporte electrónico das facturas ou documentos equivalentes emitidos por via electrónica, e desde que se encontre garantido o acesso completo e em linha aos dados e assegurada a integridade da origem e do seu conteúdo.*

*5 – Os sujeitos passivos com sede, estabelecimento estável ou domicílio em território nacional, que pretendam proceder ao arquivamento em suporte electrónico dos documentos referidos no número anterior fora do território da Comunidade, deverão solicitar autorização prévia à Direcção-Geral dos Impostos, a qual poderá fixar condições específicas para a sua efectivação.*

No contexto que temos vindo a abordar, a regulamentação dos pagamentos electrónicos, potenciaram também o CE.

Já em 1987, perante a emergente utilização massiva da Internet, prevendo o inevitável crescimento das transacções comerciais em rede, a CEE, através da Recomendação 87/598/CEE [21], propunha o primeiro Código Europeu de boa conduta em matéria de pagamento electrónico, cujo objectivo estava definido no seu Capítulo I:

*1. O Código resume as condições que devem ser preenchidas para permitir o desenvolvimento dos novos meios electrónicos de*

---

[21] Publicada no J.O. n.º L 365 de 24/12/1987.

**16**   *Comércio Electrónico Contratos Electrónicos e Informáticos*

*pagamento em benefício do conjunto dos parceiros económicos, e que representem:*

*– para os consumidores, uma maior segurança e comodidade,*
*– para os prestadores de serviços e emissores, um aumento de produtividade e uma maior segurança,*
*– para a indústria europeia, um mercado prometedor.*

2. *Os princípios de lealdade devem ser respeitados por todos aqueles que lançam sistemas de cartões de pagamento ou que os utilizem.*

3. *A evolução tecnológica deve responder a uma concepção europeia dos meios de pagamento electrónico com uma interoperacionalidade tão geral quanto possível para evitar qualquer compartimentação dos sistemas e, portanto, do mercado.*

Por outro lado, introduz princípios gerais de comportamento nas relações entre instituições financeiras, comerciantes ou prestadores de serviços e consumidores titulares de cartões. Assim, estipula a Recomendação, no seu Capítulo II:

*Na acepção do presente código, entende-se por:*

1. *«Pagamento electrónico»: qualquer operação de pagamento efectuada por intermédio de um cartão com pista magnética ou que inclua um microprocessador, através de um equipamento terminal de pagamento electrónico (TPE) ou de um terminal ponto de venda (TPV):*

*Estão excluídos deste Código:*

*– os cartões privativos que não correspondam à definição de pagamento electrónico,*
*– os cartões que sirvam para fins distintos do pagamento directo ou a prazo,*
*– os pagamentos por cheque garantidos por um cartão bancário,*
*– os pagamentos por cartão segundo processos mecânicos (talão de pagamento).*

2. *«Emissor»: qualquer estabelecimento de crédito ou organização emissora de cartões que emitam cartões de pagamento para uso electrónico; todas as empresas de produção ou de serviços que podem, igualmente, emitir este tipo de cartão.*

3. *«Prestadores de serviços»: as empresas de comércio ou de serviços.*

4. *«Consumidores»: os titulares de cartões.*

5. *«Interoperacionalidade»: situação na qual os cartões emitidos num Estado-membro e/ou fazendo parte de um determinado sistema*

## II – O Comércio Electrónico

*de cartões podem ser utilizados noutros Estados-membros e/ou nas redes instaladas por outro sistema: isto pressupõe uma compatibilidade tecnológica dos cartões e dos leitores utilizados nos vários sistemas, bem como uma abertura destes sistemas através de acordos assentes no princípio da reciprocidade.*

Mais adiante – no Capítulo III – propõe a regulamentação da actividade a desenvolver entre os intervenientes:

1. *Contratos*

    a) *Os contratos celebrados pelos emissores ou seus representantes, quer com os prestadores de serviços quer com os consumidores, devem ser reduzidos a escrito e ser concluídos na sequência de um pedido prévio. Definirão com precisão as condições gerais e especiais de convenção;*

    b) *Os contratos serão redigidos na ou nas língua(s) oficial(ais) do Estado-membro onde o contrato é celebrado;*

    c) *Qualquer tarifa de custos deve ser estabelecida de modo transparente, tendo em conta os encargos e riscos reais e sem dar origem a restrições da livre concorrência;*

    d) *Todas as condições, desde que sejam conformes com a lei, devem ser livremente negociáveis e claramente estipuladas no contrato;*

    e) *As condições específicas de resolução do contrato devem ser especificadas e levadas ao conhecimento das partes antes da celebração do contrato.*

2. *Interoperacionalidade*

    *A interoperacionalidade deve, dentro de certo prazo (1), ser total e universal, pelo menos na Comunidade, de modo a que o prestador de serviços e o consumidor possam aderir à(s) rede(s) ou ao(s) emissor(es) da sua escolha, podendo cada terminal funcionar com qualquer cartão.*

3. *Equipamento*

    a) *Os terminais de pagamento electrónico devem realizar o registo, o controlo e a transmissão do pagamento, podendo ser integrados num terminal posto de venda;*

    b) *O prestador de serviços deve, se assim o desejar, ter a possibilidade de se equipar com um único terminal polivalente;*

# 18 Comércio Electrónico Contratos Electrónicos e Informáticos

*c) O prestador de serviços deve ter a liberdade de escolher o seu terminal ponto de venda. Deve poder alugá-lo ou adquiri-lo com a única condição de o mesmo ser aprovado por estar conforme às exigências do conjunto do sistema de pagamento e de se inserir no processo de interoperacionalidade.*

4. *Protecção dos dados e segurança*

*a) O pagamento electrónico é irreversível. A ordem dada por meio de um cartão de pagamento é irrevogável e torna inadmissível, por conseguinte, qualquer tipo de oposição;*

*b) Os dados transmitidos, no momento do pagamento, ao banco do prestador de serviços e, posteriormente, ao emissor, não devem em caso algum afectar a protecção da vida privada. Estes dados limitam-se estritamente aos normalmente previstos para os cheques e transferências;*

*c) Os problemas suscitados pela protecção dos dados e pela segurança devem ser claramente evocados e solucionados em qualquer estádio dos contratos entre as partes;*

*d) Os contratos não devem prejudicar a liberdade de gestão e de concorrência entre os prestadores de serviços.*

5. *Acesso equitativo ao sistema*

*a) Deve proporcionar-se a todos os prestadores de serviços interessados um acesso equitativo ao sistema de pagamento electrónico seja qual for a sua importância económica. Apenas pode ser recusado o acesso a um prestador de serviços por um motivo legítimo;*

*b) A remuneração dos mesmos serviços para as operações realizadas num Estado-membro e para as operações transnacionais com outros países da Comunidade deve apresentar diferenças injustificadas entre serviços internos e transnacionais, nomeadamente nas regiões fronteiriças.*

Por fim, no que importa ao CE neste contexto, atentemos na Directiva 2002/65/CE de 23 de Setembro [22] relativa à comercialização à distância de serviços financeiros prestados a consumidores. Na procura do estabelecimento de uma regulamentação jurídica para a venda à distância de

---

[22] Publicada no J.O. n.º L 271/16.

## II – O Comércio Electrónico

serviços financeiros, a Directiva prevê que as suas disposições permitam assegurar um elevado nível de protecção do consumidor.

Este diploma regulamenta a prestação de serviços financeiros a retalho – serviços bancários, de seguros e de investimento – negociados entre as partes à distância.

Ao consumidor é garantido o direito de reembolso dos montantes pagos, sempre que os serviços contratados se mostrem total ou parcialmente indisponíveis.

De acordo com o estipulado na Directiva 97/7/CE de 20 de Maio [23], a Directiva 2002/65/CE proíbe a prestação de serviços sem pedido explícito e válido do consumidor. Assim, dispõe o artigo 9.º:

> *Sem prejuízo das disposições dos Estados-Membros relativas à renovação tácita dos contratos à distância, sempre que essas disposições a permitam, os Estados-Membros tomarão as medidas necessárias para:*
> *– proibir a prestação de serviços financeiros a um consumidor que os não tenha previamente pedido, sempre que essa prestação inclua um pedido de pagamento imediato ou diferido,*
> *– dispensar o consumidor de qualquer obrigação em caso de prestação não pedida, não constituindo consentimento a falta de resposta.*

---

[23] Publicada no J. O. n.º L 144. O DL n.º 143/2000 de 26 de Abril, publicado no DR n.º 97/00 transpôs as orientações legislativas que constam da Directiva 97/7/ /CE relativa a contratos celebrados à distância, que se revela de extremo interesse na perspectiva da protecção dos consumidores na celebração deste tipo de contratos, procurando assegurar a transparência nas suas transacções, não obstante a exclusão do *home-banking*, conforme o art. 3.º deste diploma.

O contrato à distância, de acordo com o n.º 1 do art. 2.º, é considerado qualquer contrato relativo a bens ou serviços, celebrado entre um fornecedor e um consumidor, que se integre num sistema de venda ou prestação de serviços à distância organizado pelo fornecedor, que, para esse contrato, utilize exclusivamente uma ou mais técnicas de comunicação à distância até à celebração do contrato, incluindo a própria celebração.

Essencial se torna a definição de técnicas de comunicação à distância, as quais, nos termos do mesmo artigo, consistem em qualquer meio que, sem a presença física e simultânea do fornecedor e do consumidor, possam ser utilizadas tendo em vista a celebração do contrato entre as partes.

Nestes termos, considera-se que entre estas técnicas se encontram o telefone, a televisão, o fax, o correio electrónico, etc., sendo inquestionável a aplicabilidade do diploma ás vendas por catálogo, via televisão (televendas) ou comércio electrónico.

# 20 Comércio Electrónico Contratos Electrónicos e Informáticos

O consentimento prévio do consumidor é também exigido para a utilização dos sistemas de comunicação automática à distância sem intervenção humana, como os fax (telecópias).

O artigo 2.º contêm o conjunto de definições essenciais no contexto da Directiva.

Assim:

a) *"Contrato à distância": qualquer contrato relativo a serviços financeiros, celebrado entre um prestador e um consumidor, ao abrigo de um sistema de venda ou prestação de serviços à distância organizado pelo prestador que, para esse contrato, utilize exclusivamente um ou mais meios de comunicação à distância, até ao momento da celebração do contrato, inclusive;*

b) *"Serviço financeiro": qualquer serviço bancário, de crédito, de seguros, de pensão individual, de investimento ou de pagamento;*

c) *"Prestador": qualquer pessoa singular ou colectiva, privada ou pública, que, no âmbito das suas actividades comerciais ou profissionais, seja o prestador contratual de serviços que sejam objecto de contratos à distância;*

d) *"Consumidor": qualquer pessoa singular que, nos contratos à distância, actue de acordo com objectivos que não se integrem no âmbito da sua actividade comercial ou profissional;*

e) *"Meio de comunicação à distância": qualquer meio que possa ser utilizado, sem a presença física e simultânea do prestador e do consumidor, para a comercialização à distância de um serviço entre essas partes;*

f) *"Suporte duradouro": qualquer instrumento que permita ao consumidor armazenar informações que lhe sejam pessoalmente dirigidas, de um modo que, no futuro, lhe permita um acesso fácil às mesmas durante um período de tempo adequado aos fins a que as informações se destinam e que permita a reprodução inalterada das informações armazenadas;*

g) *"Operador ou prestador de um meio de comunicação à distância": qualquer pessoa singular ou colectiva, privada ou pública, cuja actividade comercial ou profissional consista em pôr à disposição dos prestadores um ou mais meios de comunicação à distância.*

Para além das disposições legislativas já mencionadas, de origem comunitária, a CEE na prossecução do desenvolvimento do CE veio a promulgar outros diplomas de inegável importância que depois abordaremos.

## II – O Comércio Electrónico

O mesmo aconteceu com outros organismos internacionais.

A Comissão das Nações Unidas para o Direito Comercial Internacional – UNCITRAL [24] –, *Observando que um número crescente de transações comerciais internacionais se realiza por meio do intercâmbio electrónico de dados e por outros meios de comunicação, habitualmente conhecidos como "comércio electrónico", no qual se utilizam métodos de comunicação e armazenamento de informações substitutivos dos que utilizam papel,* e

*Estimando que a aprovação da Lei Modelo sobre Comércio Eletrónico pela Comissão ajudará de maneira significativa todos os Estados a fortalecer a legislação que rege o uso de métodos de comunicação e armazenamento de informações substitutivos dos que utilizam papel e a preparar tal legislação nos casos em que dela careçam,* veio a aprovar a Lei Modelo da UNCITRAL sobre Comércio Electrónico, em 16 de Dezembro de 1996 [25], documento que veio suprir a ausência de um regime geral do CE.

Para muitos países, esta lei tem servido de base para a elaboração de legislação sobre comércio electrónico, sendo assim universalmente reconhecida como referência essencial naquilo que ao CE [26] diz respeito.

Nos termos do seu artigo 1.º:

*Esta Lei aplica-se a qualquer tipo de informação na forma de mensagem de dados usada no contexto de actividades comerciais.*

O artigo 2.º elenca as definições essenciais no contexto da Lei Modelo:

*– Entende-se por "mensagem electrónica" a informação gerada, enviada, recebida ou arquivada electronicamente, por meio óptico ou por meios similares incluindo, entre outros, "intercâmbio electrónico de dados" (EDI), correio electrónico, telegrama, telex e fax;*

---

[24] UNCITRAL – *United Nations Commission on International Trade Law*.

[25] Acompanhada de um "Guia para a incorporação no direito interno da Lei Modelo da UNCITRAL sobre Comércio Electrónico". Nele se refere que a finalidade da Lei Modelo é a de oferecer ao legislador nacional um conjunto de regras aceitáveis no âmbito internacional, que lhe permitam eliminar alguns obstáculos ou impedimentos legais, e em consequência criar um marco jurídico que permita um desenvolvimento mais seguro das vias electrónicas de negociação designadas pelo nome de "comércio electrónico".

[26] Note-se que a Lei Modelo não especifica o que se entende por "comércio electrónico".

— *Entende-se por "intercâmbio electrónico de dados" (EDI) a transferência electrónica de computador para computador de informações estruturadas de acordo com um padrão estabelecido para tal fim [27];*

— *Entende-se por "remetente" de uma mensagem electrónica a pessoa pela qual, ou em cujo nome, a referida mensagem electrónica seja enviada ou gerada antes de seu armazenamento, caso este se efetue, mas não quem actue como intermediário em relação a esta mensagem electrónica;*

*"Destinatário" de uma mensagem electrónica é a pessoa designada pelo remetente para receber a mensagem electrónica, mas não quem actue como intermediário em relação a esta mensagem electrónica;*

*"Intermediário", com respeito a uma mensagem electrónica particular, é a pessoa que em nome de outrem envie, receba ou armazene esta mensagem electrónica ou preste outros serviços relacionados com esta mensagem;*

*"Sistema de Informação" é um sistema para geração, envio, recepção, armazenamento ou outra forma de processamento de mensagens electrónicas.*

No que diz respeito ao reconhecimento jurídico e força probatória das mensagens de dados, e de forma a terminar com a incerteza acerca da natureza jurídica e da validade da informação apresentada em outra forma do que a de um documento tradicional impresso ou escrito em papel, dispõem os artigos constantes do Capítulo II do diploma:

---

[27] De acordo com o "Guia para a incorporação no direito interno" a Comissão decidiu que, se atenderia a uma concepção ampla do EDI de forma a abarcar toda uma gama de aplicações do EDI relacionadas com o comércio que poderiam designar-se pelo termo amplo de "comércio electrónico", ainda que outros termos descritivos servissem para a mesma finalidade. Entre os meios de comunicação compreendidos no conceito de "comércio electrónico" são enumeradas algumas vias de transmissão baseadas no emprego de técnicas electrónicas: a comunicação por meio do EDI definida em sentido estrito como a transmissão de dados de um terminal informático para outro efectuada num formato normalizado; a transmissão de mensagens electrónicas utilizando normas patenteadas ou normas de livre acesso; e a transmissão por via electrónica de textos de formato livre, por exemplo, através da Internet, sendo que, em alguns casos, a noção de "comércio electrónico" poderia reportar-se ao emprego de técnicas menos avançadas como o telex ou o fax.

## II – O Comércio Electrónico

*Artigo 5 – Reconhecimento jurídico das mensagens de dados*
*Não se negarão efeitos jurídicos, validade ou eficácia à informação apenas porque esteja na forma de mensagem electrónica.*

*Artigo 5 bis. – Incorporação por remissão*

*(Na forma aprovada pela Comissão no seu 31.º período de sessões, em Junho de 1998)*
*Não se negarão efeitos jurídicos, validade, ou eficácia à informação pela simples razão de que não esteja contida na própria mensagem de dados destinada a gerar tais efeitos jurídicos, mas que a ela meramente se faça remissão naquela mensagem de dados.*

*Artigo 6 – Escrito [28]*

*1) Quando a Lei requeira que certa informação conste por escrito, este requisito considerar-se-á preenchido por uma mensagem electrónica se a informação nela contida seja acessível para consulta posterior.*

*2) Aplica-se o parágrafo 1) tanto se o requisito nele mencionado esteja expresso na forma de uma obrigação, quanto se a Lei*

---

[28] Verifica-se que a Lei Modelo segue o critério que ela própria denomina "critério da equivalência funcional". Nos termos do "Guia para a incorporação no direito interno" este critério baseia-se na *análise dos objectivos e funções do requisito tradicional da apresentação de um escrito consignado sobre papel, de forma a determinar a maneira de satisfazer os seus objectivos e funções usando técnicas do chamado comércio electrónico. Por exemplo, um documento em papel cumpre funções como as seguintes: proporcionar um documento legível para todos; assegurar a inalterabilidade do documento ao longo do tempo; permitir a reprodução do documento a fim de que cada uma das partes disponha de um exemplar do mesmo escrito; permitir a autenticação dos dados nele consignados, subscrevendo-os com uma assinatura; e proporcionar uma forma aceitável para a apresentação de um documento escrito perante autoridades públicas e tribunais. Cabe assinalar que, relativamente a todas essas funções, a documentação consignada através de meios electrónicos pode oferecer um grau de segurança equivalente ao do papel e, na maioria dos casos, maior confiabilidade e rapidez, especialmente no que se refere à determinação da origem e do conteúdo dos dados, desde que se observem certos requisitos técnicos e jurídicos. Assim mesmo, a adopção do critério da equivalência funcional não deve dar lugar a que se imponham normas de segurança mais estritas (e possivelmente mais custosas) aos usuários do comércio electrónico do que as aplicáveis à documentação consignada sobre papel.*

# Comércio Electrónico Contratos Electrónicos e Informáticos

*preveja simplesmente consequências para quando a informação não conste por escrito.*

*3) As disposições deste artigo não se aplicam ao que segue: [...]*

## Artigo 7 – Assinatura [29]

*1) Quando a Lei requeira a assinatura de uma pessoa, este requisito considerar-se-á preenchido por uma mensagem electrónica quando:*

*a) For utilizado algum método para identificar a pessoa e indicar sua aprovação para a informação contida na mensagem electrónica; e*

*b) Tal método seja tão confiável quanto seja apropriado para os propósitos para os quais a mensagem foi gerada ou comunicada, levando-se em consideração todas as circunstâncias do caso, incluindo qualquer acordo das partes a este respeito.*

*2) Aplica-se o parágrafo 1) tanto se o requisito nele mencionado esteja expresso na forma de uma obrigação, quanto se a Lei simplesmente preveja consequências para a ausência de assinatura.*

*3) As disposições deste artigo não se aplicam ao que segue: [...]*

## Artigo 8 – Original

*1) Quando a Lei requeira que certa informação seja apresentada ou conservada na sua forma original, este requisito será considerado preenchido por uma mensagem electrónica quando:*

*a) Existir garantia fidedigna de que se preservou a integridade da informação desde o momento da sua geração em sua forma final, como uma mensagem electrónica ou de outra forma; e*

---

[29] Para evitar que se negue validade jurídica a uma mensagem sujeita a autenticação pelo simples facto de que não está autenticada na forma típica dos documentos consignados sobre papel, o artigo 7.º oferece uma fórmula abrangente. O artigo define as condições gerais que, uma vez cumpridas, autenticariam uma mensagem de dados com suficiente credibilidade de forma a satisfazer os requisitos de assinatura que, actualmente, constituem um obstáculo ao comércio electrónico. O artigo 7.º concentra-se nas duas funções básicas da firma: a identificação do autor e a confirmação de que o autor aprova o conteúdo do documento. Na alínea a) do parágrafo 1) enuncia-se o princípio de que, nas comunicações electrónicas, essas duas funções jurídicas básicas da assinatura estarão cumpridas desde que se utilize um método que identifique o remetente de uma mensagem de dados e confirme que o remetente aprova a informação nela contida.

## II – O Comércio Electrónico 25

*b) Esta informação for acessível à pessoa à qual ela deva ser apresentada, caso se requeira a sua apresentação.*

*2) Aplica-se o parágrafo 1) tanto se o requisito nele mencionado esteja expresso na forma de uma obrigação quanto se a Lei simplesmente preveja consequências para o caso de que a informação não seja apresentada ou conservada em sua forma original.*

*3) Para os propósitos da alínea (a) do parágrafo 1):*

*a) Presume-se íntegra a informação que tiver permanecido completa e inalterada, salvo a adição de qualquer endosso das partes ou outra mudança que ocorra no curso normal da comunicação, armazenamento e exposição;*

*b) O grau de confiabilidade requerido será determinado à luz dos fins para os quais a informação foi gerada assim como de todas as circunstâncias do caso.*

*4) As disposições deste artigo não se aplicam ao que segue: [...]*

*Artigo 9 – Admissibilidade e força probatória das mensagens de dados*

*1) Em procedimentos judiciais, administrativos ou arbitrais não se aplicará nenhuma norma jurídica que constitua obtáculo à admissibilidade de mensagens electrónicas como meio de prova:*

*a) Pelo simples facto de serem mensagens electrónicas; ou,*

*b) Pela simples razão de não terem sido apresentadas em sua forma original, sempre que tais mensagens sejam a melhor prova que se possa razoavelmente esperar da pessoa que as apresente.*

*2) Toda a informação apresentada sob a forma de mensagem electrónica gozará da devida força probatória. Na avaliação da força probatória de uma mensagem electrónica, dar-se-á atenção à confiabilidade da forma em que a mensagem tenha sido gerada, armazenada e transmitida, à confiabilidade da forma em que se haja conservado a integridade da informação, a forma pela qual haja se haja identificado o remetente e a qualquer outro factor pertinente.*

Relativamente á formação do contrato propõe a Lei Modelo que, não tendo as partes acordado de outra forma, a proposta e aceitação contratuais poderão ser expressas por meios electrónicos, não se negando validade ou força obrigatória a um contrato pelo simples facto de na sua formação terem sido utilizados esses meios.

26  *Comércio Electrónico Contratos Electrónicos e Informáticos*

Assim, dispõe o n.º1 do artigo 11.º:

*Salvo disposição em contrário das partes, na formação de um contrato, a oferta e sua aceitação podem ser expressas por mensagens electrónicas. Não se negará validade ou eficácia a um contrato pela simples razão de que se utilizaram mensagens electrónicas para a sua formação* [30].

Ainda, no mesmo sentido o n.º 1 do artigo 12.º:

*Nas relações entre o remetente e o destinatário de uma mensagem electrónica, não se negará validade ou eficácia a uma declaração de vontade ou outra declaração pela simples razão de que a declaração tenha sido feita através de uma mensagem electrónica* [31].

Relativamente ao momento e lugar do envio e recebimento das mensagens electrónicas [32], estipula o artigo 15.º que:

*1) Salvo convenção em contrário entre o remetente e o destinatário, o envio* [33] *de uma mensagem electrónica ocorre quando esta*

---

[30] Refere o "Guia para a incorporação para o direito interno" que as palavras *salvo disposição em contrário das partes*, se limitam a reiterar, no contexto do artigo relativo à formação do contrato, o reconhecimento da autonomia das partes enunciado no artigo 4.º, e têm por objecto deixar claro que a finalidade da Lei Modelo não consiste em impor o recurso aos meios electrónicos de comunicação àquelas partes que costumem celebrar os seus contratos mediante o recurso à documentação consignada sobre papel. Por isso, o artigo 11.º não deverá ser interpretado como limitação à autonomia das partes que não recorram a formas de comunicação electrónica para a negociação do seu contrato.

[31] Esclarece o citado "Guia" que a finalidade do artigo 12.º não consiste em impor o emprego dos meios electrónicos de comunicação mas sim em validar esse emprego, a menos que as partes acordem outra coisa. Por isso, não se deve invocar o artigo 12.º para impor ao destinatário as consequências jurídicas de uma mensagem que lhe tenha sido enviada, quando o recurso a um suporte físico distinto do papel para sua transmissão seja inesperado pelo destinatário.

[32] O emprego das técnicas de comunicação electrónica dificulta a determinação do tempo e o lugar. Não é raro que os utilizadores do comércio electrónico e de outros meios conexos de comunicação, comuniquem entre si de um Estado para outro sem estar ao par da localização dos sistemas de informação através dos quais se efetua a comunicação. Por outro lado, a localização de certos sistemas de comunicação pode modificar-se sem que a nenhuma das partes seja dado conhecimento. A Lei Modelo reflecte o facto de que a localização dos sistemas de informação é irrelevante, prevendo um critério mais objectivo que é: o estabelecimento das partes.

[33] O conceito de *envio* refere-se ao início da transmissão electrónica da mensagem de dados.

## II – O Comércio Electrónico 27

entra [34] *num sistema de informação alheio ao controle do remetente ou da pessoa que enviou a mensagem electrónica em nome do remetente.*

2) *Salvo convenção em contrário entre o remetente e o destinatário, o momento de recepção de uma mensagem electrónica é determinado como se segue:*

 a) *Se o destinatário tiver designado um sistema de informação para o propósito de recebimento das mensagens electrónicas, o recebimento ocorre:*

  i) *No momento em que a mensagem electrónica entra no sistema de informação designado [35]; ou*

  ii) *Se a mensagem electrónica é enviada para um sistema de informação do destinatário que não seja o sistema de informação designado, no momento em que a mensagem electrónica é recuperada pelo destinatário.*

 b) *Se o destinatário não tiver designado um sistema de informação, o recebimento ocorre quando a mensagem electrónica entra no sistema de informação do destinatário.*

---

[34] Citando o "Guia" a noção de *entrada* num sistema de informação, que na Lei é utilizado quer para definir o envio quer a recepção de uma mensagem de dados, tal significa que uma mensagem de dados entra num sistema de informação desde o momento em que pode ser processada nesse mesmo sistema. Uma mensagem de dados não deverá considerar-se enviada, no sentido da Lei, quando chegando ao sistema de informação do destinatário, nele não consiga entrar. Na verdade, a Lei Modelo não prevê expressamente o mau funcionamento dos sistemas de informação como base para a responsabilidade. Em particular, quando o sistema de informação do destinatário não funcione em absoluto ou não funcione correctamente, ou quando, ainda que funcionando devidamente, a mensagem de dados não possa entrar nele (por exemplo, no caso de um fax constantemente ocupado), a mensagem não se pode considerar enviada no sentido da Lei Modelo. Durante a preparação da Lei Modelo, estimou-se que não se deveria impor ao destinatário, mediante uma disposição geral, a onerosa obrigação de manter seu sistema em constante funcionamento.

[35] A expressão "sistema de informação designado" refere-se ao sistema que uma parte tenha designado especificamente, por exemplo, no caso em que uma oferta estipule expressamente o domicílio ao qual se deve enviar a aceitação. A simples indicação de um endereço de correio electrónico ou de um número de fax em papel timbrado não se deve considerar como designação expressa de um ou mais sistemas de informação.

28  *Comércio Electrónico Contratos Electrónicos e Informáticos*

> *3) Aplica-se o parágrafo 2) ainda que o sistema de informação esteja situado num lugar distinto do lugar onde a mensagem electrónica se considere recebida de acordo com o parágrafo 4).*
>
> *4) Salvo convenção em contrário entre o remetente e o destinatário, uma mensagem electrónica considera-se expedida no local onde o remetente tenha o seu estabelecimento e recebida no local onde o destinatário tenha o seu estabelecimento. Para os fins do presente parágrafo:*
>
> > *a) se o remetente ou o destinatário têm mais de um estabelecimento, o seu estabelecimento é aquele que guarde a relação mais estreita com a transacção subjacente ou, caso não exista uma transacção subjacente, o seu estabelecimento principal;*
> >
> > *b) se o remetente ou o destinatário não possuírem estabelecimento, será levada em conta a sua residência habitual [36].*
>
> *5) As disposições deste artigo não se aplicam ao que segue: [...]*

Em termos comunitários, a 15 de Abril de 1997 surge a COM/97//0157 [37], cujo objectivo *é incentivar o crescimento vigoroso do comércio electrónico*, o qual possibilita o comércio com baixos custos através de regiões e fronteiras nacionais.

Salientando o crescimento exponencial da Internet e os seus efeitos benéficos na expansão do CE, esta Comunicação alerta as instituições comunitárias para a necessidade urgente da criação, em conjunto com as demais instituições internacionais, de um quadro europeu regulamentador do CE.

A 30 de Julho de 1997, a Recomendação 97/489/CE [38], visando, na perspectiva do desenvolvimento do CE, promover a confiança dos utilizadores dos instrumentos de pagamento electrónico e a sua maior aceitação pelos retalhistas, veio disciplinar as relações entre as instituições emitentes dos referidos instrumentos e os seus portadores, introduzindo a necessidade da existência de um registo das transacções realizadas, de forma a permitir a identificação das mesmas e a eventual correcção de erros.

---

[36] As referências a "estabelecimento", "estabelecimento principal" e "lugar de residência habitual" foram introduzidas no texto de forma a harmonizá-lo com o artigo 10.º da Convenção das Nações Unidas sobre os Contratos de Compra-e-Venda Internacional de Mercadorias.

[37] Já referida supra.

[38] Publicada no J. O. n.º L 208 de 30/07/97.

Neste sentido o Ponto 9 do Preâmbulo quando refere que *é essencial que as transacções realizadas através de instrumentos de pagamento electrónico sejam devidamente registadas a fim de permitir a identificação das transacções e a rectificação dos erros; que o ónus da prova no sentido de demonstrar que uma transacção foi devidamente registada e contabilizada, não tendo sido afectada por problemas técnicos ou qualquer outra deficiência, deve incumbir ao emitente.*

Mais tarde, veio a Comissão Europeia a lançar, em Dezembro de 1999, a iniciativa *eEurope* [39].

Posteriormente, a Proposta de Directiva do Parlamento e do Conselho relativa a certos aspectos jurídicos do comércio electrónico no mercado interno [40], manifestava a preocupação com o desenvolvimento dos serviços da sociedade da informação na Comunidade em virtude das limitações resultantes da existência de obstáculos jurídicos derivados, essencialmente, das divergentes legislações nacionais. Preconizava-se a necessidade de coordenação das várias legislações, clarificando conceitos jurídicos essenciais ao bom desempenho do mercado interno, isentando o espaço comunitário de fronteiras internas para o comércio electrónico.

Na sequência desta Proposta, surgiu a 8 de Junho de 2000, a Directiva 2000/31/CE [41], a qual veio criar um enquadramento legal destinado a assegurar a livre circulação dos serviços da sociedade da informação entre os Estados membros, e não harmonizar o domínio do direito penal, enquanto tal.

No espírito da União Europeia, dos seus princípios e objectivos, como os de garantir o progresso económico e social, o desenvolvimento de um mercado interno que compreenda um espaço sem fronteiras internas, no qual é assegurada a livre circulação de mercadorias e serviços, bem como a liberdade de estabelecimento, a Directiva considera que o *desenvolvimento dos serviços da sociedade da informação* [42] *no espaço sem*

---

[39] Com três objectivos principais e consequentes medidas necessárias á sua implementação: Uma Internet mais barata, mais rápida e segura; investimento nas pessoas e nas qualificações e estimular a utilização da Internet.

[40] Que consta da COM/98/0586, publicada no J. O. n.º C 030 de 05/02/1999.

[41] Publicada no J. O. n.º L 178 de 17/07/2000.

[42] Conceito cujo âmbito vem definido no Preâmbulo do diploma: Os serviços da sociedade da informação abrangem uma grande diversidade de actividades económicas. Tais actividades podem, nomeadamente, consistir na venda de mercadorias em linha. Não são abrangidas actividades como a entrega de mercadorias enquanto tal ou a prestação de serviços fora de linha. Os serviços da sociedade da informação não

## 30     *Comércio Electrónico Contratos Electrónicos e Informáticos*

*fronteiras internas é essencial para eliminar as barreiras que dividem os povos europeus.*

Assim, é entendido que *o desenvolvimento do comércio electrónico na sociedade da informação faculta oportunidades importantes de emprego na Comunidade, particularmente nas pequenas e médias empresas, e irá estimular o crescimento económico e o investimento na inovação por parte das empresas europeias e pode igualmente reforçar a competitividade da indústria europeia, contanto que a internet seja acessível a todos.*

A prossecução destes objectivos passa, naturalmente, pela adequação da legislação comunitária e das características da ordem jurídica comunitária, as quais *constituem um meio essencial para que os cidadãos e os operadores europeus possam beneficiar, plenamente e sem consideração de fronteiras, das oportunidades proporcionadas pelo comércio electrónico. A presente directiva tem por isso por objecto assegurar um elevado nível de integração da legislação comunitária, a fim de estabelecer um real espaço sem fronteiras internas para os serviços da sociedade da informação.*

O artigo 2.º elenca as definições essenciais no contexto da Directiva:

*Para efeitos da presente directiva, entende-se por:*

---

dão apenas a possibilidade de celebrar contratos em linha, mas também, tratando-se de uma actividade económica, serviços que não são remunerados pelo respectivo destinatário, como os que consistem em prestar informações em linha ou comunicações comerciais, ou ainda os que fornecem ferramentas de pesquisa, acesso e descarregamento de dados. Os serviços da sociedade da informação abrangem igualmente a transmissão de informação por meio de uma rede de comunicações, de fornecimento de acesso a uma rede de comunicações ou de armazenagem de informações prestadas por um destinatário do serviço. A radiodifusão televisiva, na acepção da Directiva 89/552/ /CEE, e a radiodifusão não constituem serviços da sociedade da informação, dado não serem prestados mediante pedido individual. Ao invés, os serviços transmitidos ponto a ponto, como o vídeo a pedido ou o envio de comunicações comerciais por correio electrónico são serviços da sociedade da informação. A utilização do correio electrónico ou de comunicações comerciais equivalentes, por exemplo, por parte de pessoas singulares agindo fora da sua actividade comercial, empresarial ou profissional, incluindo a sua utilização para celebrar contratos entre essas pessoas, não são serviços da sociedade da informação. A relação contratual entre um assalariado e a sua entidade patronal não é um serviço da sociedade da informação. As actividades que, pela sua própria natureza, não podem ser exercidas à distância e por meios electrónicos, tais como a revisão oficial de contas de sociedades, ou o aconselhamento médico, que exija o exame físico do doente, não são serviços da sociedade da informação.

## II – O Comércio Electrónico

a) *"Serviços da sociedade da informação": os serviços da sociedade da informação na acepção do n.º 2 do artigo 1.º da Directiva 83/34/CEE, alterada pela Directiva 98/48/CE* [43];
b) *"Prestador de serviços": qualquer pessoa, singular ou colectiva, que preste um serviço do âmbito da sociedade da informação;*
c) *"Prestador de serviços estabelecido": o prestador que efectivamente exerça uma actividade económica através de uma instalação fixa, por um período indefinido. A presença e a utilização de meios técnicos e de tecnologias necessários para prestar o serviço não constituem, em si mesmos, o estabelecimento do prestador;*
d) *"Destinatário do serviço": qualquer pessoa, singular ou colectiva, que, para fins profissionais ou não, utilize um serviço da sociedade da informação, nomeadamente para procurar ou para tornar acessível determinada informação;*
e) *"Consumidor": qualquer pessoa singular que actue para fins alheios à sua actividade comercial, empresarial ou profissional;*
f) *"Comunicação comercial": todas as formas de comunicação destinadas a promover, directa ou indirectamente, mercadorias, serviços ou a imagem de uma empresa, organização ou pessoa que exerça uma profissão regulamentada ou uma actividade de comércio, indústria ou artesanato. Não constituem comunicações comerciais:*
   *– as informações que permitam o acesso directo à actividade da sociedade, da organização ou da pessoa, nomeadamente um nome de área ou um endereço de correio electrónico,*
   *– as comunicações relativas às mercadorias, aos serviços ou à imagem da sociedade, organização ou pessoa, compiladas de forma imparcial, em particular quando não existam implicações financeiras;*

---

[43] A Directiva 98/34/CE do Parlamento Europeu e do Conselho de 22 de Junho relativa a um procedimento de informação no domínio das normas e regulamentações técnicas (regras técnicas) foi alterada a 20 de Julho de 1998 pela Directiva 98/48/CE do Parlamento Europeu e do Conselho, – publicada no J. O. N.º L 217 de 05/08/1998 – alargando o seu âmbito às regras relativas aos serviços da sociedade da informação. De acordo com esta Directiva "serviço" é definido como *qualquer serviço prestado normalmente mediante remuneração, à distância, por via electrónica e mediante pedido individual de um destinatário de serviços.*

Estas Directivas foram transpostas para a ordem jurídica interna pelo Decreto-Lei n.º 58/2000, de 18 de Abril, publicado no DR 92/2000.

32 Comércio Electrónico Contratos Electrónicos e Informáticos

g) *"Actividades profissionais regulamentadas": quaisquer actividades profissionais na acepção da alínea d) do artigo 1.º da Directiva 89/48/CEE do Conselho, de 21 de Dezembro de 1988, relativa a um sistema geral de reconhecimento dos diplomas de ensino superior que sancionam formações profissionais com uma duração mínima de três anos, ou de alínea f) do artigo 1.º da Directiva 92/51/CEE do Conselho, de 18 de Junho de 1992, relativo a um segundo sistema geral de reconhecimento das formações profissionais, que completa a Directiva 89/48/CEE;*

h) *"Domínio coordenado": as exigências fixadas na legislação dos Estados-Membros, aplicáveis aos prestadores de serviços da sociedade da informação e aos serviços da sociedade da informação, independentemente de serem de natureza geral ou especificamente concebidos para esses prestadores e serviços:*

i) *O domínio coordenado diz respeito às exigências que o prestador de serviços tem de observar, no que se refere:*

– *ao exercício de actividades de um serviço da sociedade da informação, tal como os requisitos respeitantes às habilitações, autorizações e notificações,*

– *à prossecução de actividade de um serviço da sociedade da informação, tal como os requisitos respeitantes ao comportamento do prestador de serviços, à qualidade ou conteúdo do serviço, incluindo as aplicáveis à publicidade e aos contratos, ou as respeitantes à responsabilidade do prestador de serviços;*

ii) *O domínio coordenado não abrange exigências tais como as aplicáveis:*

– *às mercadorias, enquanto tais,*

– *à entrega de mercadorias,*

– *aos serviços não prestados por meios electrónicos.*

Consagrando o princípio de não autorização prévia [44], que veda aos Estados comunitários a imposição de requisitos ao exercício e à prossecução da actividade de prestador de serviços da sociedade da informação, a Directiva enuncia, no artigo 5.º o tipo de informações que o prestador do serviço terá de facultar aos destinatários do mesmo.

No que respeita ás comunicações comerciais, dispõe o artigo 6.º:

---

[44] Artigo 4.º.

*Além de outros requisitos de informação constantes da legislação comunitária, os Estados-Membros assegurarão que as comunicações comerciais que constituam ou sejam parte de um serviço da sociedade da informação respeitem as condições seguintes:*

*a)* *A comunicação comercial deve ser claramente identificável como tal;*

*b)* *A pessoa singular ou colectiva por conta de quem a comunicação comercial é feita deve ser claramente identificável;*

*c)* *Quando autorizadas pelo Estado-Membro onde o prestador de serviços esteja estabelecido, as ofertas promocionais, tais como descontos, prémios e presentes, serão claramente identificáveis como tais e as condições a preencher para neles participar devem ser facilmente acessíveis e apresentadas de forma clara e inequívoca;*

*d)* *Quando autorizados pelo Estado-Membro onde o prestador de serviços esteja estabelecido, os concursos ou jogos promocionais devem ser claramente identificáveis como tal e as condições a preencher para neles participar devem ser facilmente acessíveis e apresentadas de forma clara e inequívoca.*

Relativamente aos contratos celebrados por meios electrónicos, o artigo 9.º determina o seu regime:

*1. Os Estados-Membros assegurarão que os seus sistemas legais permitam a celebração de contratos por meios electrónicos. Os Estados-Membros assegurarão, nomeadamente, que o regime jurídico aplicável ao processo contratual não crie obstáculos à utilização de contratos celebrados por meios electrónicos, nem tenha por resultado a privação de efeitos legais ou de validade desses contratos, pelo facto de serem celebrados por meios electrónicos.*

*2. Os Estados-Membros podem determinar que o n.º 1 não se aplica a todos ou a alguns contratos que se inserem numa das categorias seguintes:*

*a)* *Contratos que criem ou transfiram direitos sobre bens imóveis, com excepção de direitos de arrendamento;*

*b)* *Contratos que exijam por lei a intervenção de tribunais, entidades públicas ou profissões que exercem poderes públicos;*

*c)* *Contratos de caução e garantias prestadas por pessoas agindo para fins exteriores à sua actividade comercial, empresarial ou profissional;*

*d)* *Contratos regidos pelo direito de família ou pelo direito sucessório.*

34 *Comércio Electrónico Contratos Electrónicos e Informáticos*

*3. Os Estados-Membros indicarão à Comissão as categorias a que se refere o n.º 2 às quais não aplicam o disposto no n.º 1. De cinco em cinco anos, os Estados-Membros apresentarão à Comissão um relatório sobre a aplicação do n.º 2, em que exporão as razões pelas quais consideram necessário manter à categoria contemplada na alínea b) do n.º 2 a que não aplicam o disposto no n.º 1.*

Ao prestador do serviço incumbe a obrigação de fornecer determinadas informações, que poderão revelar-se essenciais para a celebração do contrato, conforme dispõe o artigo 10.º:

*1. Além de outros requisitos de informação constantes da legislação comunitária, os Estados-Membros assegurarão, salvo acordo em contrário das partes que não sejam consumidores, e antes de ser dada a ordem de encomenda pelo destinatário do serviço, que, no mínimo, o prestador de serviços preste em termos exactos, compreensíveis e inequívocos, a seguinte informação:*

*a) As diferentes etapas técnicas da celebração do contrato;*
*b) Se o contrato celebrado será ou não arquivado pelo prestador do serviço e se será acessível;*
*c) Os meios técnicos que permitem identificar e corrigir os erros de introdução anteriores à ordem de encomenda;*
*d) As línguas em que o contrato pode ser celebrado.*

*2. Os Estados-Membros assegurarão, salvo acordo em contrário das partes que não sejam consumidores, que o prestador indique os eventuais códigos de conduta de que é subscritor e a forma de consultar electronicamente esses códigos.*

*3. Os termos contratuais e as condições gerais fornecidos ao destinatário têm de sê-lo numa forma que lhe permita armazená-los e reproduzi-los.*

*4. Os n.ᵒˢ 1 e 2 não são aplicáveis aos contratos celebrados exclusivamente por correio electrónico ou outro meio de comunicação individual equivalente.*

O artigo 11.º elenca os princípios que regem a ordem de encomenda efectuada pelo destinatário do serviço:

*1. Os Estados-Membros assegurarão, salvo acordo em contrário das partes que não sejam consumidores, que, nos casos em que o destinatário de um serviço efectue a sua encomenda exclusivamente por meios electrónicos, se apliquem os seguintes princípios:*

## II – O Comércio Electrónico

– *o prestador de serviços tem de acusar a recepção da encomenda do destinatário do serviço, sem atraso injustificado e por meios electrónicos,*
– *considera-se que a encomenda e o aviso de recepção são recebidos quando as partes a que são endereçados têm possibilidade de aceder a estes.*

2. *Os Estados-Membros assegurarão, salvo acordo em contrário das partes que não sejam consumidores, que o prestador de serviços ponha à disposição do destinatário do serviço os meios técnicos adequados, eficazes e acessíveis, que lhe permitam identificar e corrigir erros de introdução antes de formular a ordem de encomenda.*

3. *O n.º 1, primeiro travessão, e o n.º 2 não são aplicáveis aos contratos celebrados exclusivamente por correio electrónico ou outro meio de comunicação individual equivalente.*

Esta Directiva veio a ser transposta para a ordem jurídica nacional através do DL n.º 7/2004 de 7 de Janeiro [45].

Seguindo, naturalmente, de perto as orientações consignadas na Directiva, o Decreto sublinha a imprecisão de algumas expressões como "serviço da sociedade da informação" [46] e de "comunicações comerciais" [47] entendendo-se quanto a estas ser mais adequado falar de *comunicações publicitárias em rede*, uma vez que é *sempre e só a publicidade que está em causa* [48].

Aliás, relativamente a este último ponto, dado o largo período de tempo que demorou a implementação da Directiva, não faltou oportunidade para acolher e transpor o artigo 13.º da Directiva 2002/58/CE, relativa à privacidade e às comunicações electrónicas [49].

---

[45] Publicado no DR. n.º 5/04, junto em anexo. Diga-se que já em 2003, a Lei 7/2003 de 9 de Maio – publicada no DR. 107/03 – autorizava o Governo a legislar sobre certos aspectos legais dos serviços da sociedade da informação, com vista á transposição da Directiva 2000/31/CE, o que só veio a acontecer um ano mais tarde.

[46] Que define no n.º 1 do artigo 3.º como *qualquer serviço prestado à distância, por via electrónica, mediante remuneração ou pelo menos no âmbito de uma actividade económica na sequência de pedido individual do destinatário.*

[47] V. d. al. f) do artigo 2.º da Directiva.

[48] Preâmbulo do Decreto Lei.

[49] De 12/07/02, publicada no J.O. n.º L 201/37 de 31/07/02. Refere o artigo 13.º sob a epígrafe *"Comunicações não solicitadas": 1. A utilização de sistemas de chamada automatizados sem intervenção humana (aparelhos de chamada automáticos),*

36 Comércio Electrónico Contratos Electrónicos e Informáticos

Invocando a experiência colhida junto de outros Estados comunitários, o DL n.º 7/2004 assume a posição maioritária relativamente ao momento da conclusão do contrato. Considera-se assim, que o aviso de recepção se destina apenas a assegurar a efectividade da comunicação electrónica e não a exprimir uma posição negocial. Neste sentido, o artigo 29.º:
*Ordem de encomenda e aviso de recepção:*

> *1 – Logo que receba uma ordem de encomenda por via exclusivamente electrónica, o prestador de serviços deve acusar a recepção igualmente por meios electrónicos, salvo acordo em contrário com a parte que não seja consumidora.*
>
> *2 – É dispensado o aviso de recepção da encomenda nos casos em que há a imediata prestação em linha do produto ou serviço.*
>
> *3 – O aviso de recepção deve conter a identificação fundamental do contrato a que se refere.*
>
> *4 – O prestador satisfaz o dever de acusar a recepção se enviar a comunicação para o endereço electrónico que foi indicado ou utilizado pelo destinatário do serviço.*

---

*de aparelhos de fax ou de correio electrónico para fins de comercialização directa apenas poderá ser autorizada em relação a assinantes que tenham dado o seu consentimento prévio. 2. Sem prejuízo do n.º 1, se uma pessoa singular ou colectiva obtiver dos seus clientes coordenadas electrónicas de contacto para correio electrónico, no contexto da venda de um produto ou serviço, nos termos da Directiva 95/46/CE, essa pessoa singular ou colectiva poderá usar essas coordenadas electrónicas de contacto para fins de comercilização directa dos seus próprios produtos ou serviços análogos, desde que aos clientes tenha sido dada clara e distintivamente a possibilidade de recusarem, de forma gratuita e fácil, a utilização dessas coordenadas electrónicas de contacto quando são recolhidos e por ocasião de cada mensagem, quando o cliente não tenha inicilamente recusado essa utilização. 3. Os Estados-Membros tomarão as medidas necssárias para assegurar que, por forma gratuita,não sejam permitidas comunicações não solicitadas para fins de comercialização directa em casos diferentes dos referidos nos n.ᵒˢ 1 e 2 sem o consentimento dos assinantes em questão ou que digam respeito a assinantes que não desejam receber essas comunicações, sendo a escolha entre estas opções determinada pela legislação nacional. 4. Em todas as circustâncias, é proibida a prática do envio de correio electrónico para fins de comercialização directa, dissimulando ou escondendo a identidade da pessoa em nome da qual é efectuada a comunicação, ou sem um endereço válido para o qual o destinatário possa enviar um pedido para pôr termo a essas comunicações. 5. O disposto nos n.ᵒˢ 1 e 3 aplica-se aos assinantes que sejam pessoas singulares. Os Estados-Membros assegurarão igualmente, no âmbito do direito comunitário e das legislações nacionais aplicáveis, que os interesses legítimos dos assinantes que não sejam pessoas singulares sejam suficientemente protegidos no que se refere a comunicações não solicitadas.*

*II – O Comércio Electrónico*  37

*5 – A encomenda torna-se definitiva com a confirmação do destinatário, dada na sequência do aviso de recepção, reiterando a ordem emitida.*

Também o n.º 2 do artigo 32.º dispõe que:

*2 – O mero aviso de recepção da ordem de encomenda não tem significado para a determinação do momento da conclusão do contrato.*

Por outro lado, o Diploma cria como entidade supervisora central, destinada a coordenar o funcionamento dos mecanismos de resolução de litígios, assim como fiscalizar, instruir processos contra ordenacionais e aplicar as respectivas coimas, a ICP – Anacom – Autoridade Nacional de Comunicações [50].

Atentemos agora na iniciativa legislativa comunitária relacionada com a protecção jurídica dos programas de computador. Assim, a Directiva 91/250/CE de 14/05/91 [51], atendendo à relevância destes programas para o desenvolvimento do CE e à constatação de que o seu desenvolvimento *requer o investimento de recursos humanos, técnicos e financeiros consideráveis*, veio regulamentar a sua reprodução, sob a égide de que o programa de computador deve ser considerado como *criação intelectual do seu autor.*

Por isso determina que os Estados-Membros devam *conceder protecção aos programas de computador ao abrigo dos direitos de autor, considerando-os como obras literárias* [52] *determinando subsequentemente quem e o que deve ser protegido, os direitos exclusivos que as pessoas protegidas podem invocar para poderem autorizar ou proibir certos actos e qual a duração da protecção* [53].

---

[50] V. d. artigo 35.º, n.º 2.

[51] Publicada no J.O. L 122 de 17/05/91.

[52] Na acepção da Convenção de Berna para a protecção das obras literárias e artísticas.

[53] Assim refere o artigo 2.º: *1. O autor de um programa de computador é a pessoa singular ou o grupo de pessoas singulares que criaram o programa ou, quando a legislação dos Estados-membros o permite, a pessoa colectiva indicada por aquela legislação como o titular dos direitos. Quando a legislação do Estado-membro reconhece obras colectivas, a pessoa tida pela legislação do Estado-membro como tendo criado a obra é considerada seu autor. 2. Caso um programa de computador tenha sido criado conjuntamente por um grupo de pessoas singulares, os direitos exclusivos pertencerão conjuntamente às mesmas. 3. Quando um programa de compu-*

38  Comércio Electrónico Contratos Electrónicos e Informáticos

Neste contexto, a Directiva considera que *a expressão programa de computador inclui qualquer tipo de programa, mesmo os que estão incorporados no equipamento; que esta expressão inclui igualmente o trabalho de concepção preparatório conducente à elaboração de um programa de computador, desde que esse trabalho preparatório seja de molde a resultar num programa de computador numa fase posterior.*

Submetendo estes programas ao regime da protecção dos direitos de autor, a Directiva estipula que os *direitos exclusivos do autor para impedir a reprodução não autorizada da sua obra devem ser sujeitos a uma excepção limitada no caso de se tratar de um programa de computador de forma a permitir a reprodução tecnicamente necessária para a utilização daquele programa pelo seu adquirente legítimo.*

Esta Directiva foi transposta para o direito português através do DL 252/1994 de 20 de Outubro, alterado pela Rectificação n.º 2 – A/95 de 31 de Janeiro e pelo DL 334/97 de 27 de Novembro [54].

De salientar, a equiparação dada ao programa de computador com carácter criativo e a obra literária, sendo igual a protecção jurídica de ambas (art.1.º, n.º 2).

O que, aliás, se consagra no art. 3.º n.º 1, de acordo com o qual se aplicam a estes programas as determinações legais sobre autoria e titularidade vigentes para o direito de autor.

A reprodução privada não é considerada lícita, nos termos do art. 5.º deste Decreto Lei, dependendo de autorização do titular do programa.

São enunciadas algumas excepções a este direito exclusivo, previstas no art. 6.º, sob a epígrafe, quanto a nós infeliz, *Direitos do utente*, que enuncia os direitos do "adquirente legítimo" do programa, que *pode sempre, para utilizar o programa ou corrigir erros, carregá-lo,visualizá- -lo, transmiti-lo e armazená-lo*, mesmo que estes actos impliquem reproduções ou alterações no programa.

Por fim, refira-se que a reprodução não autorizada está sujeita a tutela penal (art. 14.º), sendo as cópias ilícitas apreendidas como exemplares contrafeitos em matéria de Direito de Autor, de acordo com o n.º 1 do art. 13.º.

---

*tador for criado por um trabalhador por conta de outrem, no exercício das suas funções ou por indicação do seu empregador, só o empregador ficará habilitado a exercer todos os direitos de natureza económica relativos ao programa assim criado, salvo disposição contratual em contrário.*

[54] Publicados no DR. n.º 243/94, no DR. n.º 26/95 e no DR. n.º 275/97, respectivamente, aqui junto em anexo.

## II – O Comércio Electrónico

Em termos legislativos nacionais, não podemos deixar de citar a Resolução do Conselho de Ministros n.º 94/99 de 25 de Agosto [55], que aprova o documento orientador da Iniciativa Nacional para o Comércio Electrónico.

Apostando na criação de um enquadramento legislativo e regulamentar que potencie o desenvolvimento do comércio electrónico, esta Resolução considera o comércio electrónico uma realidade emergente, em termos mundiais, fundamental para aumentar a competitividade no mercado global.

Alinha, assim, alguns princípios estimuladores do comércio electrónico como: a atribuição da principal responsabilidade pelo seu desenvolvimento á iniciativa privada; a eliminação de barreiras á sua expansão, através da criação de um enquadramento legal favorável; a não discriminação fiscal das transacções efectuadas por meios electrónicos; a garantia do livre acesso e circulação das técnicas de cifragem; o reconhecimento do princípio da liberdade de expressão nos conteúdos da Internet; o apoio á existência de um sistema transparente da gestão dos nomes de domínios Internet; a criação de um ambiente comercial favorável ao desenvolvimento do comércio electrónico e por fim, privilegiar a cooperação internacional no âmbito deste comércio.

Saliente-se ainda a Resolução do Conselho de Ministros n.º 110/ /2000 [56], relativa á iniciativa Internet e, naturalmente, ligada ao Plano de Acção *eEurope* 2002, o qual prevê a necessidade de dar prioridade absoluta ao desenvolvimento de uma verdadeira sociedade da informação, adoptando um conjunto de medidas e metas a atingir, através do estímulo ao uso da Internet.

A Resolução do Conselho de Ministros n.º 22/2002 de 31 de Janeiro [57], veio a determinar, no âmbito do Plano de Acção Iniciativa Internet, que os serviços e organismos públicos integrados na administração directa e indirecta do Estado, devem, sempre que possível, publicitar os sítios da Internet em que operam.

Mais tarde, a Resolução do Conselho de Ministros n.º 108/2003 de 12 de Agosto [58] aprovou o Plano de Acção para o Governo Electrónico, que visa dotar o sector público e os serviços públicos prestados, com

---

[55] Publicada no DR n.º 198/99.
[56] Publicada no DR n.º 193/00.
[57] Publicada no DR n.º 26.
[58] Publicada no DR n.º 185.

| 40 | *Comércio Electrónico Contratos Electrónicos e Informáticos* |

qualidade, transparência, eficiência, devidamente suportados por soluções tecnológicas racionalizadas.

Na sequência desta Resolução, a 4 de Janeiro de 2005 foi publicado o Decreto Lei 1/2005 [59] que procura *dinamizar o clima de concorrência entre e promover a aquisição mais eficiente, competitiva e transparente de bens e serviços de comunicações, bem como optimizar as condições técnicas de contratos com ou sem vínculo, em vigor ou em vias de renovação.*

Por fim, o DL 16/2005 de 18 de Janeiro [60] veio criar a UMIC – Agência para a Sociedade do Conhecimento I.P., um instituto público ao qual cabe a coordenação dos investimentos públicos na Administração Pública nas áreas da sociedade da informação e governo electrónico.

## – A Internet

Segundo Ravindran, Barva, Lee e Whinston [61], é no ambiente digital – a teia mundial de redes de computadores e serviços de informação – que as pessoas de locais completamente diferentes podem comunicar entre si de forma interactiva, podem solicitar produtos e serviços, e as empresas podem realizar transacções e negócios com os seus fornecedores, instituições financeiras e muitas outras entidades.

É neste ambiente digital que se desenvolve a economia digital, ou nova economia.

Na velha economia, todos os fluxos eram físicos: dinheiro, cheques, facturas, relatórios, reuniões, etc..

Na nova economia, todas as formas de informação são digitais, reduzidas a *bits* [62] armazenados em computadores, que atravessam as redes á velocidade da luz. É nela que se assiste ao deslumbramento da

---

[59] Publicado no DR n.º 2.

[60] Publicado no DR n.º 12.

[61] S. Ravindran, A.Barva, B. Lee e A.B.Whinston – "Strategies for smart shopping in cyberspace", Tapscott, 1996.

[62] *Bit* – Provém da contracção de *Binary Unit*. Unidade mínima de informação digital, equivalente a um dígito.

## II – O Comércio Electrónico

virtualização, com os mercados virtuais, as lojas virtuais, as comunidades virtuais, etc.

É neste ambiente digital que o CE se desenvolve.

As redes de comunicação são a base fundamental para a economia digital.

Entre elas a mais importante é a Internet [63], razão porque a abordaremos de seguida.

Criada em 1969 pela ARPA [64], ligada ao Departamento de Defesa dos E.U.A., foi idealizada como um sistema de comunicação de informações e como ferramenta de apoio á pesquisa académica na área da defesa.

A ARPANET [65], anos mais tarde, foi dividida em redes ligadas ao Departamento da Defesa e redes orientadas para a pesquisa civil, controladas pela National Science Foundation, tornando-se, mais tarde na NFNET e depois na Internet.

Nas primeiras redes de computadores, estes estavam ligados entre si utilizando o mesmo *software*. Se não existisse esta identidade, não era possível estabelecer comunicação. Impunha-se assim, a necessidade de compatibilizar a comunicação entre computadores que continham diferentes *softwares*.

Para resolver este problema foi criado o Protocolo, isto é, uma linguagem de comunicação comum, para a troca de informações.

Como refere Joseph Ruh Jr. [66], Protocolo é o conjunto de regras que especifica o modo como a rede de computadores administrará o fluxo de informações e como deverão ser administradas as eventuais falhas que surjam durante esse fluxo.

---

[63] Que deriva de Internetwork, ou rede de redes. Constitui uma fonte de recursos de informações e conhecimento que se estende á escala mundial. A ela contrapõe-se a *Intranet* que está limitada a uma empresa ou grupo de empresas. Há quem lhe chame "mini Internet". Na verdade, trata-se de uma rede interna, por vezes vedada ao exterior, através da qual as empresas ou instituições que a compõem trocam informações, gerem a contabilidade e finanças internas, os seus recursos humanos e estratégias comerciais comuns.

[64] Advanced Research Projects Agency.Instituição de defesa norte-americana.

[65] Rede de computadores criada pelo Departamento de defesa dos E.U.A., que ligava várias instituições militares.

[66] Joseph F. Ruh Jr. – "The Internet and Business: a laywer's guide to the emerging legal issues". Computer Law Association, 1996.

42  *Comércio Electrónico Contratos Electrónicos e Informáticos*

Ora, os computadores quando comunicam entre si pela Internet, usam uma linguagem comum que é o Protocolo TCP/IP. [67]

A ligação de um computador, através de um *modem*, á Internet é feita através de uma entidade que põe á disposição do utilizador um conjunto de entradas para a rede. A esta entidade dá-se o nome de Provedor de Acesso – ISP – *Internet Service Provider*. Estas empresas dispõem de vários números de identificação, que atribuem aos seus utilizadores registados. Assim, cada um deles passa a possuir um número de identificação denominado endereço de IP – *Internet Protocol*. Significa isto, que o Provedor, através de um determinado endereço de IP, atribuído a um utilizador, tem conhecimento do momento em que este se liga ou desliga da rede, podendo acompanhar o trajecto da sua "viagem" na Internet [68].

De entre os serviços de que Internet dispõe [69], reteremos apenas a www [70], ou *web*.

De fácil utilização, sem necessitar de qualquer conhecimento ou formação especial, a *web* permite a qualquer utilizador o acesso imediato

---

[67] Este Protocolo é formado por dois elementos: O Protocolo de Controlo de Transmissão – TCP – *Transmission Control Protocol* – e pelo Protocolo Internet – IP – *Internet Protocol*.

[68] O que se reveste de alguma importância, em sede de responsabilidade do Provedor pela prática actos ilícitos.

[69] Entre os quais se salienta o Telnet – *Tele Network* – A Telnet é um sistema de acesso remoto a outro ou outros computadores. O utilizador através do teclado do seu computador acede a um outro computador, localizado em qualquer lugar, trabalhando com ele como se estivesse apenas com o seu. Torna-se necessário que os dois computadores estejam, obviamente, ligados á Internet, que possuam o mesmo tipo de programas instalados, assim como o programa específico para este fim. Também o FTP – *File Transfer Protocol* – Protocolo de Transferência de Ficheiros, o qual permite a transferência ou cópia de arquivos, ficheiros ou programas. Sempre que o utilizador procede a um *download* – transferência de dados ou de arquivos de software de um computador para outro, através de um modem –, está a recorrer ao FTP. O IRC – *Internet Relay Chat* – um programa que, instalado no computador, permite ao seu utilizador conversar em directo com qualquer pessoa em qualquer ponto do Mundo, através de mensagens que aparecem escritas no seu monitor. O *Finger,* que permite ao seu utilizador obter informações sobre uma determinada pessoa com endereço electrónico, nomeadamente a última vez que acedeu á Internet e o *Traceroute* que possibilita a quem o usa, tomar conhecimento de todos os passos da sua ligação á Internet, como, por exemplo, por quantos computadores passou, qual a localização destes, etc..

[70] WWW – *World Wide Web*.

a um mundo inesgotável de informação. Aliás, bem pode dizer-se que toda esta simplicidade explica o sucesso que tem.

Basta ao utilizador ligar-se á Internet e utilizar um programa navegador [71], previamente instalado, o qual vai descodificar a linguagem utilizada pela *web*, que é a HTML [72]. Esta linguagem, que é capaz de produzir imagens, vídeos, formas, *links* [73], etc., já está considerada, pelas suas limitações, quase ultrapassada, o que veio a desencadear o desenvolvimento de novas tecnologias como a linguagem Java [74] e a VRML [75].

Essencial a qualquer definição de *web* é a noção de hipertexto. Criado na década de 70 por Ted Nelson [76], o hipertexto não é mais do que um texto com ligações a outros textos. Isto é, um documento em hipertexto possui palavras que, sendo seleccionadas, dirigem o utilizador para outro documento ou texto com ele relacionado e assim sucessivamente, permitindo a obtenção de uma informação o mais completa possível.

A Internet surge-nos assim como um primordial meio impulsionador do CE.

---

[71] Também denominado *browser*. Programa que permite visualizar documentos na *web* e navegar pela Internet. De entre os mais conhecidos estão o Netscape Navigator e o Internet Explorer.

[72] HTML – *Hypertext Markup Language* – Linguagem usada na *web* que descreve páginas de informação. No fundo são códigos escritos que o *browser* descodifica, tornando-os "legíveis".

[73] Links – Ligações directas para outras fontes de informação.

[74] Java – Linguagem desenvolvida pela Sun Microsistems, muito simples, com alto desempenho e dinamismo, permitindo através dos seus próprios mecanismos a protecção do computador do utilizador de vírus e outras violações de segurança.

[75] VRML – *Virtual Reality Modelling Language* – Linguagem que permite a elaboração de páginas da *web* em três dimensões, o que possibilita a criação de cenas gráficas, objectos e até seres humanos em computador.

[76] Pesquisador no MIT, Instituto Tecnológico do Massachussets.

## III – A Criminalidade Informática na Internet

A popularidade da Internet, que conta actualmente com uma população estimada em algumas dezenas de milhões, deve-se ao facto dos seus custos de utilização serem quase totalmente independentes do tempo de uso e da distância.

Ora, esta estrutura aberta conta, essencialmente, com um problema principal: a falta de segurança.

Assim, se por um lado, a Internet tem vindo a cumprir a sua promessa de criar uma revolução comercial, permitindo o desenvolvimento de um novo mundo de negócios, por outro, não está a cumprir a promessa da criação de regras e mecanismos eficientes de segurança, que permitam ás empresas e particulares a melhor eficácia nas suas transacções.

Aquando da sua criação, na década de 60, a Internet, por ser usada por uma comunidade restrita de cientistas e estudiosos, possuía regras de conduta simples e de fácil observação.

Nos anos 90, o aparecimento de milhares de novos utilizadores, surgidos de forma *on-line*, alteraram por completo as regras existentes, fazendo emergir a necessidade premente da criação de regras disciplinadoras para o ambiente digital [77].

Actualmente, os níveis de segurança existentes colocam sérios problemas ao desenvolvimento do comércio electrónico.

De facto, antes que qualquer transacção ocorra *on-line*, as partes nela envolvidas – vendedor/comprador – necessitam de ter confiança na segurança da sua transacção. Isto é, precisam de ter a certeza recíproca

---

[77] Preocupação que a já citada COM/97/0157 manifestava: *Um problema cada vez mais preocupante é o aparecimento dos cibercrimes, como lavagem electrónica de dinheiro, jogos a dinheiro ilegais, intrusão maliciosa e violação dos direitos de autor. Na Europa (Europol), bem como no contexto internacional mais vasto (P8), foram criadas Task Forces especializadas e foi reforçada a cooperação operacional transfronteiras em áreas fundamentais como a "caça" em tempo real e a da "busca e apreensão" de elementos de prova digitais.*

de que quem está do outro lado é mesmo quem alega ser, que a informação ou produto que está a ser trocado naquele instante não poderá ser roubado ou alterado durante o seu percurso e ainda que o pagamento anunciado seja efectivamente real.

Não atingimos ainda este patamar de segurança, garantindo em todas as comunicações entre os utilizadores da Internet, a desejável confidencialidade e confiabilidade.

Esta situação tem contribuído, ao contrário daquilo que se esperava em função do extraordinário aumento de utilizadores da Internet, para um crescimento lento do comércio electrónico.

Na verdade, tem-se verificado que muitos consumidores utilizam a Internet apenas para pesquisar o produto, serviço ou informação que pretendem, vindo a adquiri-lo fora da rede [78].

Assim, não pode deixar de se considerar que a confidencialidade, a confiabilidade e a protecção das informações que circulam na Internet, constituem os requisitos essenciais para o crescimento do CE.

Há que evitar as ameaças á segurança do tráfego em rede,que Albertin [79] define como circunstâncias, condições ou eventos com potencial suficiente para causar danos em dados ou recursos da rede, sob a forma de destruição, revelação, modificação de dados, negação de serviços, fraude, desperdício e abuso.

De forma crescente tem vindo a verificar-se um uso errado da informática, dando origem a agressões contra os sistemas informáticos, absolutamente reprováveis à luz do direito vigente.

Alguma doutrina tem vindo a entender que estas condutas, ilícitas e danosas, não necessitam da criação de um direito penal novo, mas apenas de uma ampliação dos tipos penais existentes.

Por esta via, ao "informatizarmos" o ilícito penal existente, evitaríamos o crescimento desmesurado do direito penal.

O conceito de crime ou delito informático não é uniforme.

De acordo com Barret [80], crime informático é todo aquele que é cometido através de computadores para praticar ou ajudar á prática de actividades ilegais, subvertendo de forma ilícita a segurança de sistemas, o uso da Internet ou redes bancárias.

---

[78] De acordo com um dos últimos relatórios Commercenet da Nielsen, 53% dos consumidores pesquisaram na Internet e apenas 15% realizaram transacções na rede.

[79] Ob. citada.

[80] Barret, Neil – "Digital Crimes", Kogan Page, 1997, London.

# III – A Criminalidade Informática na Internet

Urbano Huerta[81] define-o como toda a acção dolosa que provoca um prejuízo a pessoas ou entidades, em cuja prática intervêm dispositivos habitualmente utilizados nas actividades informáticas.

Em termos internacionais a legislação penal informática tem vindo a desenvolver-se sem, todavia, alcançar uniformidade. Alguns países têm optado por manter a sua legislação penal básica, fazendo dela uma interpretação extensiva de forma a abranger os novos crimes. Outros incorporaram na sua legislação penal os novos tipos criminais, outros ainda alargaram expressamente o âmbito dos tipos penais já existentes e regulados[82].

Em nosso entender, pensando no permanente desafio e as novas tecnologias colocam ao legislador, o sistema penal deveria individualizar e integrar, da forma mais abrangente e evolutiva possível, um ilícito penal informático, não subsumível às actuais normas penais. A configuração específica deste tipo de ilícito assim o exige.

Em Portugal a Lei da Criminalidade Informática – Lei 109/91 de 17 de Agosto[83] – veio tipificar alguns tipos de crimes que a seguir analisaremos.

Assim, o artigo 4.º define falsidade informática:

> *1) Quem, com intenção de provocar engano nas relações jurídicas, introduzir, modificar, apagar ou suprimir dados ou programas informáticos ou, por qualquer outra forma, interferir num tratamento informático de dados, quando esses dados ou programas*

---

[81] Huerta, Urbano – "Delitos Informáticos", Consur, 1996.

[82] Nos EUA o *Computer Fraud and Abuse Act* tipifica e proibe o crime de acesso não autorizado, a propagação de vírus e a sabotagem informática. O *Electric Communications Privacy Act* proibe o acesso e intercepção não autorizada de comunicações privadas.

O Conselho da Europa elaborou a Convenção contra a Cibercriminalidade, que entrou em vigor a 01/07/04, a qual incidindo sobre comportamentos praticados intencionalmente, os tipifica em quatro categorias: 1 – As infracções contra a confidencialidade, a integridade e a disponibilidade de dados e sistemas: acesso ilegal, intercepção ilegal, atentado contra a integridade de dados, atentado à integridade do sistema e abuso de dispositivos; 2 – As infracções informáticas: falsificação e fraude informáticas; 3 – As infracções relativas a conteúdos: actos de produção, difusão e posse de pornografia infantil (Remetendo-se a xenofobia e a propagação de ideias racistas para o protocolo adicional à Convenção); 4 – As infracções ligadas aos atentados à propriedade intelectual e aos direitos conexos: a distribuição em larga escala de cópias ilegais de obras protegidas, etc..

[83] Publicada no DR n.º 188/91.

*sejam susceptíveis de servirem como meio de prova, de tal modo que a sua visualização produza os mesmos efeitos de um documento falsificado, ou bem assim, os utilize para os fins descritos, será punido com pena de prisão até cinco anos ou multa de 120 a 600 dias.*

2) *Nas mesmas penas incorre quem use documento produzido a partir de dados ou programas informatizados que foram objecto dos actos referidos no número anterior, actuando com intenção de causar prejuízo a outrem ou de obter um benefício ilegítimo para si ou para terceiros.*

3) *Se os factos referidos nos números anteriores forem praticados por funcionários no exercício das suas funções, a pena é de prisão de um a cinco anos.*

Neste tipo de crime poderão surgir diversas modalidades: a manipulação na entrada de dados (*input*) [84], prática frequente que se resume na introdução de dados falsos (de facturas, por exemplo) no momento da sua inserção no sistema informático, permitindo a obtenção de pagamentos indevidos, alterações de dados contabilísticos, etc.. A manipulação de programas através da qual dados verdadeiros introduzidos no sistema se transformam em falsos, devido a alterações indevidas no programa. O Cavalo de Tróia, que consiste em introduzir num determinado programa um conjunto de instruções que altera o comportamento e normal desempenho desse programa, permitindo, por exemplo, modificar o tratamento de contas correntes de forma a multiplicar sucessivamente o seu saldo. Por fim, o *Rounding Down* que consiste em introduzir ou modificar certas instruções de um programa com o objectivo de extrair, de forma cadenciada, de contas bancárias, pequenas quantias de dinheiro, transferindo-as automaticamente para outra conta preparada para o efeito.

O dano relativo a dados ou programas educativos está previsto no artigo 5.º:

1) *Quem, sem para tanto estar autorizado, e actuando com intenção de causar prejuízo a outrem ou de obter um benefício ilegítimo para si ou para terceiros, apagar, destruir, no todo ou em parte, danificar, suprimir ou tornar não utilizáveis dados ou programas informáticos alheios ou, por qualquer forma, lhes afectar a capacidade de uso será punido com pena de prisão até 3 anos ou pena de multa.*

---

[84] Prática também conhecida por *Data Diddling*.

*2) A tentativa é punível.*

*3) Se o dano causado for elevado, a pena será a de prisão até 5 anos ou de multa até 600 dias.*

*4) Se o dano causado for de valor consideravelmente elevado, a pena será a de prisão de 1 a 10 anos.*

*5) Nos casos previstos nos números 1, 2 e 3 o procedimento penal depende da queixa.*

O artigo 6.º tipifica a sabotagem informática:

*1) Quem introduzir, alterar, apagar ou suprimir dados ou programas informáticos ou, por qualquer outra forma, interferir em sistema informático actuando com intenção de entravar ou perturbar o funcionamento de um sistema informático ou de comunicação de dados à distância, será punido com pena de prisão até 5 anos ou com pena de multa até 600 dias.*

*2) A pena será de prisão de um a cinco anos se o dano emergente da perturbação for de valor consideravelmente elevado.*

De entre os meios informáticos comuns destinados a destruir ou inutilizar um sistema, encontramos os *"crash programs"*, que são programas de destruição progressiva e os virus, que são programas, de grande variedade e diferença de efeitos, os quais não tendo identidade própria, aderem ao programa informático que estão a afectar [85].

A Lei 109/91 define ainda o crime de acesso ilegítimo no artigo 7.º:

*1) Quem, não estando para tanto autorizado e com intenção de alcançar, para si ou para outrem, um benefício ou vantagem ilegítimos, de qualquer modo aceder a um sistema ou rede informáticos será punido com pena de prisão até um ano ou com pena de multa até 120 dias.*

*2) A pena será de prisão até 3 anos ou multa se o acesso for conseguido através da violação de regras de segurança.*

*3) A pena será a de prisão de um a cinco anos quando:*
   *a) através do acesso, o agente tiver tomado conhecimento de segredo comercial ou industrial ou de dados confidenciais, protegidos por lei;*

---

[85] De entre os instrumentos usuais de sabotagem informática, encontramos também as *"time bombs"* ou *"logic bombs"* que são programas de actuação retardada como o *"cancer routine"* que alastra pelo software, reproduzindo-se em cada uso, e os *"system crash"* que bloqueiam totalmente o sistema informático.

## 50 Comércio Electrónico Contratos Electrónicos e Informáticos

*b) benefício ou vantagem patrimonial obtidos forem de valor consideravelmente elevado.*
*4) A tentativa é punível.*
*5) Nos casos previstos nos números 1, 2 e 4 o procedimento penal depende da queixa.*

Também denominada por *"hacking"*, esta conduta, ao contrário das restantes, não visa provocar danos no sistema. O *"hacker"*, procura sobretudo, decifrar os códigos de acesso dos sistemas informáticos com a finalidade de obter vantagens pessoais.

O crime de intercepção ilegítima está previsto no artigo 8.º:

*1) Quem, sem para tanto estar autorizado, e através de meios técnicos, interceptar comunicações que se processam no interior de um sistema ou rede informáticos, a eles destinadad ou dles provenientes, será punido com pena de prisão até três anos ou com pena de multa.*
*2) A tentativa é punível.*

Esta intercepção, na medida em que permite a obtenção não autorizada de dados armazenados num determinado ficheiro informático, equivale à espionagem informática tipificada como crime noutras legislações.

Por fim, a Lei 109/91 prevê, no artigo 9.º, o crime de reprodução ilegítima de programa protegido:

*1) Quem, sem para tanto estar autorizado, reproduzir, divulgar ou comunicar ao público um programa informático protegido por lei será punido com pena de prisão até três anos ou com pena de multa.*
*2) A tentativa é punível.*

Ao tipificar a pirataria informática o legislador pune todas as formas de cópia e distribuição de qualquer programa protegido por lei.

O que, aliás, se encontra em consonância com o previsto no Decreto Lei n.º 252/1994 de 20 de Outubro [86], relativo á protecção dos programas de computador ou bases de dados.

---

[86] Publicado no DR n.º 243/94. Este diploma transpõe para a ordem jurídica interna a Directiva 91/250/CEE de 14/05/91, publicado no J.O. n.º L122 de 17/05//1991, conforme atrás já referimos.

De volta ao campo do Direito Penal, a Lei 65/98 de 2 de Outubro [87] veio, entre outras alterações, a modificar o art. 221.º do Código Penal, alargando a moldura penal da burla informática, que passou a abranger os agentes que através de meios electrónicos causem a outrem prejuízos patrimoniais [88].

Com natural conexão com estas matérias salientemos ainda a Lei n.º 67/98, denominada Lei da Protecção de Dados Pessoais [89], a qual regulamenta a protecção das pessoas singulares no que diz respeito ao tratamento dos dados pessoais e à sua livre circulação. Esta Lei corresponde á Directiva n.º 95/46/CE do Parlamento e do Conselho, de 24 de Outubro de 1995 [90].

Relacionada com estas matérias, se bem que não seja considerada do foro criminal, encontramos o *spam*.

*Spam* é o termo pelo qual se convencionou denominar as mensagens electrónicas não solicitadas com fins publicitários ou comerciais.

Para o utilizador, o *spam* configura uma invasão da sua privacidade e um verdadeiro uso abusivo da sua caixa postal, que recolhe as mensagens não desejadas.

Para os fornecedores de serviços de Internet, o *spam* causa naturais danos nos sistemas informáticos, reduzindo a velocidade das comunicações e, em consequência, a qualidade dos serviços prestados.

Com origem no marketing directo, os utilizadores do *spam – spammers* – encontraram na Internet um veículo barato, prático e veloz para atingirem os seus fins comerciais.

Considerado como um verdadeiro atentado aos consumidores e aos seus direitos, vários Estados elaboraram legislações adequadas à repressão do *spam*.

Nos EUA, o *CAN – Spam Act* [91] *– Controlling the Assault of Non – Solicited Pornography and Marketing Act* – impõe inúmeras exigências ao envio de e-mail com fins comerciais, cominando severas penalidades para os não cumpridores.

Na CEE, a Directiva 2002/58/CE de 12 de Julho, que já aflorámos, relativa à privacidade e às comunicações electrónicas, veio introduzir, no

---

[87] Publicada no DR n.º 202 / 98.
[88] Este artigo, como o art. 193.º (Devassa informática), havia sido introduzido no Código Penal pelo DL n.º 48/95 de 15 de Março.
[89] Publicada no DR n.º 247/98.
[90] Publicada no JO n.º L – 281 de 23/11/95.
[91] Aprovado em 16/12/01.

## 52 Comércio Electrónico Contratos Electrónicos e Informáticos

âmbito da protecção dos consumidores, o princípio do marketing baseado no consentimento prévio, denominado *opt-in* [92].

A Directiva não utiliza nem define o termo *spam*, priviligiando conceitos como os de *comunicações não solicitadas, por correio electrónico para fins de comercialização directa*.

Este diploma comunitário foi transposto para a nossa ordem jurídica através da Lei 41/2004 de 18 de Agosto [93]. Acompanhando a Directiva, esta lei determina um regime sancionatório para a inobservância de algumas regras nela contidas, cominando a aplicação de coimas.

Ainda em termos comunitários a COM (2004)28 de 22 de Janeiro [94], revelando preocupação com o crescimento do spam – que já ultrapassa 50% do tráfego mundial de correio electrónico – vem esclarecer alguns pontos da Directiva 2002/58/CE.

Por fim, a COM (2004)91 de 12 de Março [95], contém uma proposta de decisão que adopta um programa comunitário plurianual para a promoção de uma utilização mais segura da Internet e das novas tecnologias em linha.

---

[92] Por contraposição ao sistema *opt-out* – opção de exclusão.
[93] Publicada no DR n.º 194.
[94] Com acesso em: http://europa.eu.int/ eur-lex.
[95] Com o acesso supra.

## IV – A Segurança do Comércio Electrónico na Internet

É unanimemente considerado que a assinatura é um símbolo pessoal, um elemento distintivo e próprio de cada pessoa, fazendo parte da sua identidade. É esta, aliás, a razão porque podemos dizer que não existem duas assinaturas iguais.

Ora, esta assinatura quando aposta num documento, identifica o seu autor e a sua posição face a determinada situação a que esse documento se reporta.

Com o desenvolvimento do CE a assinatura mantém e até reforça a sua importância. Logicamente, não estamos a falar de assinatura manuscrita mas de assinatura electrónica.

Na verdade, se pensarmos numa simples transacção com pagamento electrónico (tipo Multibanco), verificamos que, ao contrário do que acontece com o cheque bancário, a nossa assinatura é absolutamente dispensável, sendo substituída por um código que, ao ser digitado, possibilita o pagamento. A utilização desses códigos, pessoais e intransmissíveis como a nossa assinatura, tem vindo a contribuir para o desenvolvimento das transacções informatizadas.

A assinatura electrónica poderá, assim, ser definida como aquela que resulta da introdução de certos dados, de que somos portadores, num determinado banco de dados, que os compara e, perante um resultado positivo, reconhece a identidade do portador permitindo-lhe completar a operação pretendida.

Ou, como refere a OCDE [96], poderá ser uma palavra passe, ou números de identificação pessoais (códigos PIN), ou elementos biométricos, ou outras tecnologias que servem para estabelecer a identidade do expedidor de uma mensagem ou documento electrónico e para indicar que o signatário aprova essa mensagem ou documento.

---

[96] "Summary of responses to the survey of legal and policy frameworks for electronic authentication services and e-signatures in OECD member countries", in Dsti/Iccp/Reg(2003)9/Final de 30/08/04, com acesso em http:// www.oecd.org.

54 *Comércio Electrónico Contratos Electrónicos e Informáticos*

Não cremos que esta definição se confunde, como veremos, com a de assinatura digital [97].

### – A assinatura digital e a criptografia

A assinatura digital tem na sua essência a criptografia [98], desde há muito entendida como o processo de enviar mensagens com chave secreta ou de modo enigmático, ou ainda, a arte ou ciência de escrever em código.

De acordo com Keew & Balance [99], a criptografia traduz o método pelo qual através da aplicação de complexos procedimentos matemáticos se transforma certa informação – texto, video, ou qualquer outra – numa sequência de *bits*, de forma a que essa informação não possa ser alterada ou conhecida por outras pessoas.

Por outras palavras, trata-se de uma metodologia que permite tornar a informação indecifrável e, em consequência, menos vulnerável às ameaças sobre a sua segurança, excepto para aqueles que têm a sua chave de descodificação [100].

Motivo que justifica a sua crescente relevância no contexto do exigível incremento da segurança nas redes e nos sistemas de informação e comunicação.

Como refere a Recomendação do Conselho da OCDE relativa às linhas orientadoras que regem a política de criptografia [101], é reconhecido que:

> – *A criptografia, sendo um instrumento eficaz para um uso seguro das tecnologias de informação garantindo a confidencialidade,*

---

[97] Entendemos que ao contrário da electrónica, a assinatura digital envolve a criptografia.

[98] A palavra criptografia tem a sua origem nas palavras gregas "Keytós" e "gráfos", o que significa oculto e escrita.

[99] G. W. Keew & C. Balance – "On-line profits: a manager's guide to electronic commerce" – Boston, Harvard Business School Press, 1997.

[100] A criptografia, é considerada em muitos países, um bem essencial á sua integridade. Nos Estados Unidos, país líder nesta tecnologia, a criptografia é considerada equivalente a uma arma, estando sujeita ao *Arms Export Control Act* – Lei de Controle de Exportação de Armas – sendo muito rígida a exportação deste tipo de programas.

[101] De 27/03/1997, com o acesso já referido.

*integridade e a disponibilidade dos dados e fornecendo os mecanismos para a autenticação e não repúdio desses dados, constitui um elemento importante para tornar seguros as redes e sistemas de informação e de comunicação;*
- *A criptografia tem diversas aplicações ligadas à protecção da vida privada, da propriedade intelectual, das informações comerciais e financeiras, da segurança pública e da segurança nacional, assim como à prática do comércio electrónico, nomeadamente as transacções e pagamentos anónimos seguros;*
- *Que o facto de não se utilizarem métodos criptográficos pode prejudicar a protecção da vida privada, da propriedade intelectual, das informações comerciais e financeiras, da segurança pública e da segurança nacional assim como a prática do comércio lectrónico, já que os dados e as informações podem ser insuficientemente protegidos contra os acessos não autorizados, as modificações e as utilizações abusivas, e os utilizadores podem assim não ter confiança nas infraestruturas, redes e sistemas de informação e de comunicação;*
- *Que a utilização da criptografia para garantir a integridade dos dados, incluindo os mecanismos de autenticação e de não repúdio, pode distinguir-se da sua utilização para garantir a confidencialidade dos dados, e que cada uma destas utilizações coloca problemas diferentes;e*
- *Que a qualidade da protecção da informação assegurada pela criptografia depende não só dos meios técnicos disponíveis, mas também do respeito pelos bons procedimentos em matéria de gestão, de organização e de exploração.*[102]

No mesmo sentido aponta a COM/97/0157 que, para além de considerar que *a utilização de uma cifragem robusta que garanta a confidencialidade de dados delicados, comerciais e pessoais, é uma das pedras angulares do comércio electrónico*, defende a eliminação, por parte da Comunidade Europeia, das barreiras comerciais para os produtos de cifragem, considerando que *as orientações sobre criptografia da OCDE, recentemente adoptadas, constituem uma primeira tentativa de obtenção de um consenso internacional nesta matéria.*

---

[102] No sentido do reforço da segurança veja-se igualmente a Recomendação do Conselho da OCDE relativa às *linhas orientadoras que regem a segurança dos sistemas e redes de informação: para uma cultura da segurança*, de 25/07/2002.

Ora, como referimos supra, quando se fala em criptografia, terá de falar-se de chaves, pois são elas que permitem criptografar ou descriptografar os dados.

Existem dois modelos básicos de criptografia: o sistema criptográfico simétrico e o sistema criptográfico assimétrico [103].

Qualquer um deles funciona, como acima referimos, com chaves. Uma chave não é mais do que um código secreto, composto por uma sequência de valores numéricos, elaborados por um computador a partir de uma aplicação de algoritmos [104].

Como qualquer chave, com funções semelhantes ás que usamos todos os dias, esta abre ou fecha o acesso a determinada mensagem ou informação.

No sistema simétrico, criado em 1975 pela IBM, existe apenas uma mesma chave que permite criptografar ou abrir uma informação [105].

Existindo apenas uma chave, este sistema implica que todos os envolvidos na comunicação dela tenham conhecimento. Naturalmente que a chave terá de se manter secreta, sob pena da possível violação das comunicações ou mensagens.

De execução rápida e eficiente, este sistema tem como principal desvantagem as dificuldades na transmissão segura da chave entre os interlocutores.

No sistema assimétrico, criado em 1970, prevê-se a existência de duas chaves, sendo uma para criptografar a comunicação e outra para a decifrar.

Assim, neste sistema são sempre gerados pares de chaves. Cada utilizador tem duas chaves, sendo que uma é privada e a outra pública. Ambas se relacionam entre si, ou, por outras palavras, são diferentes mas matematicamente associadas.

De forma simples, diremos que neste sistema qualquer utilizador pode criptografar uma mensagem com uma chave pública, mas o seu destinatário só a poderá decifrar se tiver na sua posse a correspondente chave privada. Ambas são criadas pelo detentor da chave privada o que permite tornar pública a chave que vai criptografar a mensagem.

---

[103] Denominado RSA – Rivest, Shamir e Adleman, os seus inventores.

[104] G.W. Keew & C. Balance – ob. citada.

[105] De entre os vários sistemas de chaves simétricas, destacam-se o DES (*Data Encryption Standard*), o RC2, o RC4 e o IDEA (*International Data Encryption Algorithm*).

## IV – A Segurança do Comércio Electrónico na Internet 57

O destinatário ao receber uma mensagem criptografada através da sua chave pública, assegura-se da autenticidade da mesma quando a decifra com a sua chave privada.

Ora, a assinatura digital baseia-se neste sistema de criptografia assimétrico. A assinatura é gerada com a mensagem ou documento que se pretende enviar, estando a ele vinculado.

Uma assinatura digital válida garante, quer a origem e autenticação do documento pois só o utilizador que emite um documento conhece a sua chave privada e só a sua chave pública poderá autenticar a sua assinatura, quer a própria integridade desse documento, pois a desconformidade entre este e a assinatura evidencia a sua adulteração.

Por isso, foi considerada pela COM/97/0157 como exemplo de *tecnologia segura*, a par dos certificados digitais [106].

Torna-se claro que o sistema de criptografia assimétrico permite obter elevados padrões de segurança nas comunicações electrónicas [107].

Todavia, resta-nos ainda uma questão relevante. Existindo uma chave pública, difundida em canal aberto com acesso ao público em geral, que garantias existem para assegurar que essa mesma chave pertence efectivamente ao seu titular.

Esta questão foi resolvida com o aparecimento da certificação digital a cargo das entidades certificadoras de que adiante falaremos.

---

[106] Refere esta Comunicação que as *assinaturas digitais permitem a confirmação inequívoca da identidade do remetente e da autenticidade e integridade dos documentos electrónicos. As assinaturas digitais, específicas do remetente e da mensagem enviada, são verificáveis e não repudiáveis.Do mesmo modo, a transferência de certificados digitais ("bilhetes de identidade para a Internet") através de um protocolo de início de ligação (handshake) automático entre computadores garante que as partes são quem afirmam ser e contribui para verificar se o serviço fornecido e as mercadorias ou serviços entregues são genuínos.*

[107] Naturalmente, existem outros meios e processos que visam a protecção e segurança nestas comunicações. É o caso do *firewall*. Muitas das empresas que desenvolvem operações de comércio electrónico utilizam os *firewall*, que actuam como uma espécie de filtro entre a rede interna das empresas e o mundo exterior. São autênticas barreiras electrónicas com *hardware* e *software* apropriados que procuram evitar a intrusão por parte de utilizadores externos. Estes poderão ter um acesso condicionado á rede e *sites* das empresas, para o qual deverão preencher alguns requisitos, como a introdução de um código de acesso, a indicação do seu endereço IP – número de identificação fornecido pelo provedor de acesso à Internet, a cada um dos seus utilizadores –, etc.

58      *Comércio Electrónico Contratos Electrónicos e Informáticos*

Em termos legislativos, a assinatura no enquadramento do CE, foi definida no artigo 7.º da Lei Modelo da UNCITRAL sobre Comércio Electrónico, aprovada em 16 de Dezembro de 1996 [108], que já citamos.

A 12 de Dezembro de 2001, o mesmo organismo da ONU aprovou a Lei Modelo para as Assinaturas Electrónicas [109].

Considerada como um complemento da Lei Modelo sobre o Comércio Electrónico, esta lei procura *desenvolver os princípios fundamentais enunciados no artigo 7.º da Lei Modelo sobre o Comércio Electrónico, com o objectivo de fomentar a confiança nas assinaturas electrónicas para que produzam efeitos jurídicos quando constituam o equivalente funcional das assinaturas manuais.*

O artigo 1.º define o seu âmbito de aplicação:

*A presente Lei será aplicável a todos os casos em que se utilizem assinaturas electrónicas no contexto das actividades comerciais. Não derrogará nenhuma norma jurídica destinada à protecção do consumidor.*

Em anotação, é-nos indicado que *o uso do termo comercial deve ser entendido ou interpretado de forma lata de maneira a que possa abarcar todas as questões que provenham de toda a relação de índole comercial, seja ou não contratual.*

O artigo 2.º consagra as definições relevantes para a Lei Modelo. Assim, da alínea a) deste artigo consta:

*a) Entende-se por "assinatura electrónica "os dados em forma electrónica consignados numa mensagem de dados, ou juntos, ou logicamente associados ao mesmo, que possam ser utilizados para identificar o autor em relação à mensagem de dados e indicar que o autor aprova a informação recolhida na mensagem de dados;*

Esta definição não segue, como a nosso ver deveria, a proposta de Directiva do Parlamento Europeu e do Conselho relativa a um quadro comum para as assinaturas electrónicas [110], um dos primeiros documentos europeus que associa a assinatura electrónica a determinados princípios

---

[108] Com acesso em http:// UNCITRAL.org/en – index. htm.
[109] Com o acesso já referido.
[110] COM/98/0297, publicada no J.O. n.º C 325 de 23/10/1998.

como o da autenticidade, da identificação, da integridade e do não repúdio, essenciais às transacções electrónicas, os quais posteriormente serão alvo da nossa abordagem.

O artigo 2.º n.º 1 desta proposta de Directiva considera assinatura electrónica como *uma assinatura sob forma digital incluída em dados, ligada a dados ou logicamente associada a dados, utilizada por um signatário para indicar a sua aprovação do conteúdo desses dados e que cumpre os seguintes requisitos*:

a) *Está associada definitivamente ao signatário;*
b) *Permite identificar o signatário;*
c) *É criada com meios que o signatério pode manter sob controlo exclusivo; e*
d) *Está ligada aos dados a que diz respeito de tal modo que qualquer alteração subsequente dos dados será manifesta.*

De volta à Lei Modelo o artigo 6.º vem equiparar a assinatura autógrafa à assinatura electrónica. Dispõe:

1) *Quando a lei exija a assinatura de uma pessoa, esse requisito ficará satisfeito em relação a uma mensagem de dados se se utiliza uma assinatura electrónica que, à luz de todas as circustâncias do caso, incluindo qualquer acordo aplicável, seja fiável e resulte igualmente apropriada para os fins com os quais se gerou ou comunicou essa mensagem.*
2) *O parágrafo 1) será aplicável tanto se o requisito a que se refere está expresso sob a forma de uma obrigação quanto se a lei simplesmente prevê consequências para o caso em que não haja assinatura.*
3) *A assinatura electrónica considera-se fiável para os efeitos do cumprimento do requisito a que se refere o parágrafo 1) se:*
   a) *Os dados de criação da assinatura, no contexto em que são utilizados, correspondem exclusivamente ao seu autor;*
   b) *Os dados de criação da assinatura estavam, no momento da assinatura, sob o controlo exclusivo do seu autor;*
   c) *É possível detectar qualquer alteração da assinatura electrónica feita depois do momento da assinatura; e*
   d) *Quando um dos objectivos do requisito legal da assinatura, consiste em dar segurança relativa à integridade da informação a que corresponde, sendo possível detectar uma alteração dessa informação feita depois do momento da assinatura.*

## 60 Comércio Electrónico Contratos Electrónicos e Informáticos

*4) O disposto no parágrafo 3) será entendido sem prejuízo da possibilidade de que qualquer pessoa:*

> *a) Demonstre de qualquer outra maneira, para o efeito de cumprir o requisito previsto no parágrafo 1), a fiabilidade de uma assinatura electrónica; ou*
>
> *b) produza provas de que uma assinatura electrónica não é fiável.*

*5) O disposto no presente artigo não será aplicável a: [Y].*

A Comunidade Europeia, para além da COM/98/0297 supra referida, aprovou a 13 de Dezembro de 1999 a Directiva 1999/93/CE [111] relativa à criação de um quadro legal comunitário para as assinaturas electrónicas.

Tendo por objectivo *facilitar a utilização das assinaturas electrónicas e contribuir para o seu reconhecimento legal* [112], a Directiva define assinatura electrónica e assinatura electrónica avançada [113], sendo que a primeira corresponde aos *dados sobre forma electrónica ligados ou logicamente associados a outros dados electrónicos, e que sejam utilizados como método de autenticação.* E a segunda vem a ser considerada como aquela *assinatura electrónica que obedeça aos seguintes requisitos: a) estar associada inequivocamente ao signatário; b) permitir identificar o signatário; c) ser criada com meios que o signatário pode manter sob o seu controlo exclusivo; e d) estar ligada aos dados a que diz respeito, de tal modo que qualquer alteração subsequente dos dados seja detectável.*
No âmbito dos efeitos legais das assinaturas electrónicas a Directiva consagra a equiparação da assinatura electrónica á assinatura manuscrita, assim como a considera admissível para efeitos processuais.
Determina o artigo 5.º que:

> *1 – Os Estados-Membros assegurarão que as assinaturas electrónicas avançadas baseadas num certificado qualificado e criadas através de dispositivos seguros de criação de assinaturas:*
>
> *a) Obedecem aos requisitos legais de uma assinatura no que se refere aos dados sob forma digital, do mesmo modo que uma*

---

[111] Publicada no J.O. n.º L 013 de 19/01/2000.
[112] Artigo 1.º.
[113] Artigo 2.º, n.º 1 e n.º 2.

*IV – A Segurança do Comércio Electrónico na Internet* 61

> *assinatura manuscrita obedece àqueles requisitos em relação aos dados escritos; e*
>
> b) *São admissíveis como meio de prova para efeitos processuais.*
>
> 2 – *Os Estados-Membros assegurarão que não sejam negadas a uma assinatura electrónica os efeitos legais e a admissibilidade como meio de prova para efeitos processuais apenas pelo facto de*:
>
> – *se apresentar sob forma electrónica;*
> – *não se basear num certificado qualificado;*
> – *não se basear num certificado qualificado emitido por um prestador de serviços de certificação acreditado; e*
> – *não ter sido criada através de um dispositivo seguro de criação de assinaturas.*

A transposição desta Directiva coube ao Decreto Lei 290-D/99 de 2 de Agosto [114], com as alterações que lhe foram introduzidas pelo Decreto Lei 62/2003 de 3 de Abril [115] e pelo Decreto Lei 165/04 de 6 de Julho [116], que contém o actual regime dos documentos e actos jurídicos electrónicos, que aqui se junta em anexo.

Curiosamente o Governo não aguardou pela Directiva 1999/93/CE, que já abordamos, tendo-se apoiado na proposta de Directiva do Parlamento Europeu.

Só com a publicação do Decreto Lei 62/2003 foi efectivamente transposta a referida Directiva, adoptando-se uma *terminologia tecnologicamente neutra* de acordo com os últimos desenvolvimentos legislativos europeus.

Assim, a expressão *assinatura digital*, que constava do Decreto Lei 290 – D/99 na sua redacção inicial, foi substituída por *assinatura electrónica avançada* – art. 2.º, al. c) –, sendo enumerados os requisitos que asseguram a sua absoluta e inequívoca ligação ao seu titular.

A assinatura digital assume a característica de modalidade de assinatura electrónica avançada, sendo baseada num sistema criptográfico assimétrico, o qual gera um par de chaves assimétricas, sendo uma privada e outra pública, definidas nas als. e) e f) do mesmo artigo 2.º.

---

[114] Publicado no DR n.º 178/99.
[115] Publicado no DR n.º 79/03.
[116] Publicado no DR n.º 157/04.

## 62     *Comércio Electrónico Contratos Electrónicos e Informáticos*

O diploma introduz ainda – al. g) do art. 2.º – uma outra modalidade de assinatura electrónica avançada, a assinatura electrónica qualificada.

Esta, considerada *especialmente segura e fiável* tem na sua base a existência de um certificado qualificado emitido por entidade certificadora devidamente credenciada.

No uso da referida terminologia tecnologicamente neutra, as expressões *chave privada* e *chave pública* foram substituídas por *Dados de criação de assinaturas* – al. h) do art. 2.º – e *Dados de verificação de assinatura* – al. l) do mesmo artigo –, mantendo-se, todavia, no texto das citadas alíneas, assim como na als. d), e) e f) do artigo 2.º.

Relativamente á forma e força probatória dos documentos electrónicos – art. 3.º –, o diploma divide-os em documentos escritos – n.ᵒˢ 1 e 2 do art. 3.º – e documentos não susceptíveis de representação como declaração escrita – n.º 3 do mesmo artigo.

A ambos dá força probatória, aos primeiros nos termos do art. 376.º do Código Civil [117] e aos segundos, nos termos dos artigos 368.º do Código Civil [118] e 167.º do Código de Processo Penal [119].

Numa manifestação do princípio da autonomia da vontade, é ressalvada [120] a possibilidade de, quer por acordo das partes – através de válida convenção sobre prova –, quer por simples aceitação da pessoa a quem for oposto o documento, se poderem utilizar ou uma assinatura electrónica diferente da prevista neste diploma ou um outro meio de comprovação da autoria e integridade do documento electrónico.

---

[117] "1 – O documento particular cuja autoria seja reconhecida nos termos dos artigos antecedentes faz prova plena quanto às declarações atribuídas ao seu autor, sem prejuízo da arguição e prova da falsidade do documento.

2 – ............

3 – ............".

[118] "As reproduções fotográficas ou cinematográficas, os registos fonográficos e, de um modo geral, quaisquer outras reproduções mecânicas de factos ou de coisas fazem prova plena dos factos e das coisas que representam, se a parte contra quem os documentos são apresentados não impugnar a sua exactidão.".

[119] "1 – As reproduções fotográficas, cinematográficas, fonográficas ou por meio de processo electrónico e, de um modo geral, quaisquer reproduções mecânicas só valem como prova dos factos ou coisas reproduzidas se não forem ilícitas, nos termos da lei penal.

2 – ............".

[120] artigo 3.º, n.º 4.

IV – A Segurança do Comércio Electrónico na Internet          63

Como já se referiu a aposição de assinatura electrónica qualificada deverá constar de certificado válido emitido por entidade certificadora devidamente credenciada.

Caso o certificado onde consta a chave pública, estiver revogado, caduco ou suspenso, o efeito jurídico determinado equivale á falta de assinatura [121].

## – A certificação digital e as entidades certificadoras

Já atrás referimos que o certificado digital assegura que uma determinada chave pública pertence indubitavelmente ao seu proprietário [122].

Este certificado não passa de um documento digital [123] que contém vários dados de identificação, de entre os quais se salienta a própria chave pública e o seu período de validade, a data da sua emissão e a entidade emissora.

A Lei Modelo da UNCITRAL sobre assinaturas electrónicas define este certificado como *toda a mensagem de dados ou outro registo que confirme o vínculo entre quem assina e os dados de criação da assinatura* [124].

A Directiva 1999/93/CE constatando que *as comunicações e o comércio electrónico necessitam de assinaturas electrónicas e de serviços a elas associados, que permitam a autenticação de dados*, dispõe no n.º 9 do artigo 2.º que um certificado é um *atestado electrónico que liga os dados de verificação de assinaturas a uma pessoa e confirma a identidade dessa pessoa.*

Já o n.º 10 do mesmo artigo considera certificado qualificado como *um certificado que obedece aos requisitos constantes do Anexo I* [125] *e é*

---

[121] Artigo 7.º, n.º 4.
[122] Razão porque é também denominado de *B. I. digital*.
[123] Cujo formato e emissão é definido pela norma X509.
[124] Artigo 2.º, al. b).
[125] Que define os requisitos aplicáveis aos certificados qualificados. Assim: *Um certificado qualificado deve conter:*
*a) Uma indicação de que o certificado é emitido como certificado qualificado;*
*b) A identificação do prestador de serviços de certificação e o país em que está estabelecido;*
*c) O nome do signatário ou um pseudónimo, que deve ser identificado como tal;*

64      *Comércio Electrónico Contratos Electrónicos e Informáticos*

*fornecido por um prestador de serviços de certificação que cumpre os requisitos constantes do Anexo II*[126].

Recordemos que, como referimos supra, é às assinaturas electrónicas avançadas baseadas nestes certificados qualificados que é assegurada a equiparação à assinatura autógrafa e a admissibilidade como meio de prova.

O Decreto Lei 290-D/99, com as alterações introduzidas pelos Decretos Lei 62/2003 e 165/2004, não se afasta da Directiva que transpôs.

A alínea p) do artigo 2.º considera o certificado como *o documento electrónico que liga os dados de verificação de assinatura ao seu titular e confirma a identidade desse titular.* Relativamente ao certificado qualificado define a alínea q) que será aquele *que contém os elementos referidos no artigo 29.º*[127] *e é emitido por entidade certificadora que reune os requisitos referidos no artigo 24.º*[128].

Ora, decorre do exposto, que a emissão dos certificados digitais terá de caber a uma entidade de confiança que ateste a origem e integridade da chave pública do utilizador.

Este novo sujeito interveniente na contratação electrónica é assim a entidade certificadora.

A Lei Modelo denomina estas entidades como *prestadores de serviços de certificação*[129], definindo-os na alínea e) do artigo 2.º como a *entidade*

---

*d) Uma cláusula para a inclusão, se relevante, de um atributo específico do signatário, segundo os objectivos visados com a emissão do certificado;*

*e) Os dados de verificação de assinaturas correspondentes aos dados de criação de assinaturas que estejam sob o controlo do signatário;*

*f) Identificação da data de início e de fim do prazo de validade do certificado;*

*g) O código de identidade do certificado;*

*h) A assinatura electrónica avançada do prestador de serviços de certificação que o emite;*

*i) As restrições ao âmbito de utilização do certificado, se for o caso; e*

*j) As restrições ao valor das transacções nas quais o certificado pode ser utilizado, se for o caso.*

[126] Que adiante abordaremos.

[127] Sob a epígrafe *Conteúdo dos certificados qualificados.*

[128] Sob a epígrafe *Deveres da entidade certificadora que emite certificados qualificados.*

[129] São várias as denominações apontadas para estas entidades: *terceiras partes confiáveis* ou *agentes de recuperação de chaves*, conforme refere o britânico Electronic Commerce Statement de 27/04/98, *autoridades de certificação* de acordo com o DL de 10/11/97 em Itália, *entidades de certificação* ou *certificadoras* como prevê a alemã

*IV – A Segurança do Comércio Electrónico na Internet* 65

*que emite certificados e pode prestar outros serviços relacionados com as assinaturas electrónicas.*

O artigo 7.º n.º1 vem referir que *a pessoa, o órgão ou a entidade, do sector público ou privado, à qual o Estado promulgante tenha expressamente atribuído competência poderá determinar que assinaturas electrónicas cumprem o disposto no artigo 6.º da presente Lei* [130]. Daqui decorre que as entidades certificadoras tanto poderão ser públicas ou privadas, sendo a elas que cabe verificar a emissão correcta e legal da assinatura electrónica.

O procedimento do prestador de serviços de certificação está previsto no artigo 9.º da Lei Modelo.
Assim:

*1 – Quando um prestador de serviços de certificação preste serviços para apoiar uma assinatura electrónica que possa utilizar-se como assinatura com efeitos jurídicos, esse prestador de serviços de certificação deverá:*

*a) actuar em conformidade com as declarações que digam respeito às suas normas e práticas;*

*b) actuar com razoável diligência para certificar-se que todas as declarações importantes que tenha feito em relação ao ciclo vital do certificado ou que neste estejam consignadas, são exactas e capazes;*

*c) proporcionar à parte que confia no certificado meios razoavelmente acessíveis que permitam a esta determinar através do certificado:*

*i) a identidade do prestador de serviços de certificação;*

*ii) que o autor da assinatura constante do certificado tinha sob o seu controle os dados de criação da assinatura no momento em que o certificado foi expedido;*

*iii) que os dados de criação da assinatura eram válidos na data em que se expediu o certificado ou antes dela.*

---

Signaturgesetz de 16/05/01, *prestadores de serviços de certificação* nos termos do Real Decreto-Ley 14/1999 de 17/09 em Espanha, ou ainda, como preferem alguns autores, *cibernotários* ou *notários electrónicos.*

[130] Artigo que já citamos supra.

66 Comércio Electrónico Contratos Electrónicos e Informáticos

*d) proporcionar à parte que confia no certificado, meios razoavelmente acessíveis que, quando for o caso, permitam a esta determinar através do certificado ou de outra maneira:*

*i) o método utilizado para comprovar a identidade do autor da assinatura;*

*ii) qualquer limitação dos fins ou do valor relativamente aos quais possam utilizar-se os dados de criação da assinatura ou do certificado;*

*iii) se os dados de criação da assinatura em questão são válidos;*

*iv) qualquer limitação do alcançe ou do grau de responsabilidade estabelecido pelo prestador dos serviços de certificação;*

*v) se existe um meio para que o autor da assinatura avise que os dados de criação da assinatura em questão, estão de acordo com o disposto na alínea b) do parágrafo 1.º do artigo 8.º da presente Lei;*

*vi) se é oferecido um serviço para revogar oportunamente o certificado.*

*e) quando se ofereçam serviços de acordo com o n.º 5 da alínea d), proporcionar um meio para que o autor da assinatura avise nos termos da alínea b) do parágrafo 1.º do artigo 8.º da presente Lei e quando se ofereçam serviços de acordo com o n.º vi) da alínea d), certificar-se de que existe um serviço para revogar oportunamente o certificado.*

*f) ao prestar os seus serviços, utilizar sistemas, procedimentos e recursos humanos fiáveis.*

*2 – Serão da responsabilidade do prestador de serviços de certificação as consequências jurídicas que resultem do facto de não ter cumprido os requisitos enunciados no parágrafo 1.*

A Directiva 1999/93/CE define prestador de serviços de certificação *como uma entidade ou uma pessoa singular ou colectiva que emite certificados ou presta outros serviços relacionados com assinaturas electrónicas* [131].

---

[131] Artigo 2.º, n.º 10.

*IV – A Segurança do Comércio Electrónico na Internet* 67

Encorajando a actividade transfronteiriça comunitária dos prestadores de serviços de certificação, sem que ela dependa de qualquer autorização prévia nacional [132], a Directiva determina a sua sujeição à legislação de cada Estado em termos de responsabilidade.

Por outro lado, preceitua que será a Comissão Europeia a definir os critérios que os Estados comunitários devem seguir para designar uma entidade credenciadora das entidades prestadoras de serviços de certificação [133].

O Anexo II [134] da Directiva elenca os requisitos aplicáveis a estes prestadores de serviços.

---

[132] Artigo 3.º, n.º 1.

[133] Artigo 3.º, n.º 4. Esses critérios foram definidos na Decisão da Comissão 2000/709/CE, publicada no J.O. L289/42 de 16/11/00.

[134] *Requisitos aplicáveis aos prestadores de serviços de certificação que emitem certificados qualificados:*

*Os prestadores de serviços de certificação devem:*

*a) Demonstrar a fiabilidade necessária para a prestação de serviços de certificação;*

*b) Assegurar o funcionamento de um serviço de reportório rápido e seguro e de um serviço de anulação seguro e imediato;*

*c) Assegurar com precisão a possibilidade de verificação da data e hora de emissão ou anulação de cada certificado;*

*d) Verificar, através dos meios adequados e de acordo com a legislação nacional, a identidade e, se for caso disso, os atributos específicos da entidade ou pessoa singular ou colectiva à qual é emitido um certificado qualificado;*

*e) Empregar pessoal que possua os conhecimentos, experiência e qualificações necessários para os serviços prestados, nomeadamente competência em matéria de gestão e das tecnologias de assinaturas electrónicas, bem como familiaridade com os processos de segurança adequados; devem ainda saber aplicar processos administrativos e de gestão que sejam adequados e correspondam a normas reconhecidas;*

*f) Utilizar sistemas e produtos fiáveis que estejam protegidos contra modificações e que garantam a segurança técnica e criptográfica dos processos para os quais estejam previstos;*

*g) Tomar medidas contra a falsificação de certificados e, nos casos em que o prestador de serviços de certificação gere dados de criação de assinaturas, garantir a confidencialidade durante o processo de criação desses dados;*

*h) Ser dotados de recursos financeiros suficientes para actuarem de acordo com os requisitos constantes da presente directiva, nomeadamente para assumirem os riscos decorrentes da responsabilidade por danos, por exemplo através de uma apólice de seguro adequada;*

*i) Registar todas as informações relevantes relativas a um certificado qualificado durante um período de tempo adequado, nomeadamente para fornecer elementos de*

68 Comércio Electrónico Contratos Electrónicos e Informáticos

No nosso país, o regime das entidades certificadoras, como temos vindo a referir tem a sua base no Decreto Lei 290-D/99.

Nos termos da alínea o) do artigo 2.º é entidade certificadora aquela *entidade ou pessoa singular ou colectiva que cria ou fornece meios para a criação e verificação das assinaturas, emite os certificados, assegura a respectiva publicidade e presta outros serviços relativos a assinaturas electrónicas.*

Este diploma garante o livre acesso à actividade de certificação [135], estipulando, de entre os requisitos patrimoniais para a sua constituição, o capital mínimo de 200 000 euros [136], elencando os requisitos de idoneidade [137], para cuja falta se comina a recusa ou revogação da credenciação atribuída.

Esta credenciação, definida como o *acto pelo qual é reconhecido a uma entidade que o solicite e que exerça a actividade de entidade certificadora o preenchimento dos requisitos definidos no presente diploma*

---

*prova de certificação para efeitos processuais. Este registo poderá ser feito electronicamente;*

*j) Não armazenar ou copiar dados de criação de assinaturas da pessoa a quem o prestador de serviços de certificação tenha oferecido serviços de gestão de chaves;*

*k) Antes de iniciar uma relação contratual com uma pessoa que deseje obter um certificado para a sua assinatura electrónica, informar essa pessoa, através de meios duráveis de comunicação, dos termos e condições exactos de utilização do certificado, incluindo eventuais limitações à utilização deste, da existência de um regime de acreditação facultativa e dos processos de apresentação de queixas e de resolução de litígios. Essas informações devem ser apresentadas por escrito, podendo ser transmitidas por meios electrónicos, e devem utilizar uma linguagem facilmente compreensível. A pedido destes, deverão igualmente ser facultadas a terceiros que confiem no certificado, elementos relevantes desta informação;*

*l) Utilizar sistemas fiáveis de armazenagem dos certificados num formato verificável, de modo a que:*

*– apenas as pessoas autorizadas possam introduzir dados e alterações,*

*– a autenticidade das informações possa ser verificada,*

*– os certificados só possam ser consultados pelo público nos casos em que tenha sido obtido o consentimento do detentor do certificado, e*

*– quaisquer alterações de carácter técnico susceptíveis de prejudicar esses requisitos de segurança sejam imediatamente visíveis pelo operador.*

[135] Artigo 9.º, n.º 1.

[136] Artigo 14.º. Não se tratando de pessoas colectivas é exigível um *substracto patrimonial equivalente.* Para além deste requisito, é imposta a constituição de um seguro obrigatório de responsabilidade civil – art. 16.º.

[137] Artigo 15.º

*IV – A Segurança do Comércio Electrónico na Internet* 69

*para os efeitos nele previstos* [138], é efectuada por uma autoridade credenciadora [139].

O ITIJ – Instituto das Tecnologias de Informação na Justiça – é essa autoridade, conforme está estipulado na Lei Orgânica do Ministério da Justiça [140].

O Decreto Regulamentar 25/2004 de 15 de Julho [141] veio aprovar as *regras técnicas e de segurança exigíveis às entidades certificadoras que emitem certificados qualificados*, assim como, *regras precisas relativas aos vários serviços de certificação prestados pela entidade certificadora* [142].

Assim e para além de definir, os processos, sistemas e produtos relacionados com as assinaturas electrónicas que as entidades certificadoras, obrigatoriamente, devem utilizar [143], completam-se as exigências previstas no Decreto Lei 290-D/1999 relativas ao pedido de credenciação [144], ou sua renovação, o qual deverá constar de formulário próprio disponibilizado pela autoridade credenciadora, podendo este ser apresentado em suporte de papel, ou por via electrónica, sendo, neste caso, exigível a aposição de assinatura electrónica qualificada.

Este diploma determina ainda os deveres das entidades certificadoras não só perante a autoridade credenciadora, como previa o DL 290-D/ /1999, mas também face aos titulares dos certificados.

Assim, dispõe o artigo 22.º sob a epígrafe *Obrigação de informação*:

*No exercício da sua actividade, a entidade certificadora divulga a seguinte informação:*

*a) Preço dos serviços a prestar;*
*b) Declaração de práticas de certificação;*
*c) Termos, condições e âmbito de utilização dos seus certificados;*
*d) Um meio de comunicação, permanentemente disponível, através do qual se procede ao pedido de suspensão e ou revogação do certificado;*

---

[138] Artigo 2.º, al. m).
[139] Artigo 11.º.
[140] Artigo 18.º, n.º 3, al. i) do Decreto Lei 146/2000 de 18/07, publicado no DR n.º 146.
[141] Publicado no DR n.º 165.
[142] Como o *registo, emissão, distribuição, gestão de revogação e fornecimento de dispositivos seguros de criação de assinaturas e validação cronológica, bem como o respectivo regime de subcontratação.*
[143] Artigo 2.º.
[144] Artigo 33.º.

# 70 Comércio Electrónico Contratos Electrónicos e Informáticos

e) *Indicação de que a informação registada, necessária à utilização do certificado, não é utilizada para outro fim;*

f) *Período de tempo durante o qual mantém em arquivo a informação prestada pelo requerente e a referente à utilização dos respectivos certificados;*

g) *Indicação de que, em caso de cessação da actividade, a informação referida na alínea anterior é transmitida, nos termos da lei, para outra entidade;*

h) *Os meios utilizados para resolução de conflitos;*

i) *Legislação aplicável à actividade de certificação;*

j) *Número do registo de entidades certificadoras atribuído pela autoridade credenciadora;*

l) *Data e número da credenciação, se credenciada.*

O titular do certificado, por seu turno, deverá tomar as medidas necessárias a não causar danos a terceiros, protegendo a confidencialidade da informação transmitida. Neste sentido, determina o artigo 23.º:

*Obrigações do titular*

*O titular do certificado toma as medidas necessárias a evitar danos a terceiros e a preservar a confidencialidade da informação transmitida e é obrigado a:*

a) *Utilizar as chaves criptográficas dentro das limitações impostas pela respectiva política de certificado;*

b) *Garantir o sigilo da chave privada;*

c) *Utilizar algoritmo e comprimento de chave de acordo com o artigo 11.º, no caso de gerar as suas próprias chaves;*

d) *Usar um dispositivo seguro de criação de assinatura, se a política de certificado assim o exigir;*

e) *Gerar as chaves no interior do dispositivo seguro de criação de assinatura, se a política de certificado assim o exigir;*

f) *Informar de imediato a entidade certificadora em caso de perda de controlo da chave privada, ou de incorrecção ou alteração da informação constante do certificado, durante o período de validade deste.*

São igualmente definidas regras referentes ao contrato a celebrar entre a entidade certificadora e o requerente [145], sendo que este deve ser

---

[145] Artigo 25.º.

## IV – A Segurança do Comércio Electrónico na Internet

reduzido a escrito, fazendo uso de uma linguagem *clara e acessível*, constar de um suporte físico duradouro, contendo assinatura autógrafa se celebrado em suporte de papel ou assinatura electrónica qualificada se celebrado através de documento electrónico.

Incumbe à entidade certificadora registar e arquivar o contrato pelo prazo mínimo de 20 anos [146].

Por fim, são ainda previstos requisitos operacionais e de gestão, nomeadamente relacionados com a segurança – sua implementação e respectivo plano e ainda o plano de contingência destinado a enfrentar acidentes ou incidentes imprevistos [147] – política de pessoal [148], auditorias [149], cessação de actividade [150] e arquivo de informação [151].

Saliente-se ainda, em termos de legislação aplicável ao assunto vertente, a Portaria 1370/2000 de 12 de Setembro [152] que define os requisitos do seguro obrigatório de responsabilidade civil das entidades certificadoras [153].

O Decreto Lei 234/2000 de 25 de Setembro [154] veio criar o Conselho Técnico de Credenciação que assiste ao ITIJ no exercício das competências que lhe cabem. A este órgão, de carácter consultivo, são submetidos, para efeitos de parecer e apreciação técnica, os pedidos de credenciação das entidades certificadoras.

---

[146] Artigo 25.º, n.º 3.
[147] Artigos 26.º, 27.º e 28.º.
[148] Artigo 29.º.
[149] Artigo 30.º.
[150] Artigo 31.º.
[151] Artigo 32.º.
[152] Publicada no DR n.º 211.
[153] Sem o qual não poderão ser credenciadas, conforme a al. d) do n.º 1 do artigo 12.º do DL 290-D/99.
[154] Publicado no DR n.º 222.

## V – Os contratos electrónicos

Da definição de contrato proposta por Antunes Varela [155], *acordo vinculativo, assente sobre duas ou mais declarações de vontade (oferta ou proposta, por um lado; aceitação, do outro), substancialmente distintas mas correspondentes, que visam estabelecer a regulamentação unitária de interesses contrapostos mas harmónicos entre si*, ressalta o facto do contrato revelar uma convergência de vontades, destinada a produzir um determinado efeito jurídico.

Ora, o contrato electrónico, não é mais do que um negócio jurídico, no qual as manifestações de vontade das partes são veiculadas por meios electrónicos. É pois o meio usado pelas partes, o principal elemento distintivo destes contratos face aos restantes.

Poderemos assim, defini-lo como um contrato celebrado sem a presença física das partes, no qual as respectivas declarações de vontade são expressas através de equipamentos electrónicos de tratamento e armazenagem de dados, ligados entre si.

Habitualmente são considerados quatro modalidades de contratos electrónicos:

O *business to consumer* (B2C), que se reporta às normais transacções electrónicas, como a compra e venda de produtos e serviços; o *business to business* (B2B), relativa a contratos celebrados entre empresas, normalmente de EDI [156]; o *peer to peer* (P2P), usado através de e-mail ou via internet, visando a troca directa de bens ou serviços e o *governement to business/consumer* (G2B/C), que tem a ver com as relações entre o governo e as empresas ou consumidores.

Para além de todos os princípios que regem o Direito das Obrigações [157], podemos dizer que os contratos electrónicos estão ainda sujeitos a novos princípios regulamentadores.

---

[155] "Das Obrigações em Geral", I Vol., Almedina, 2.ª Ed., pág. 197.

[156] Ou intercâmbio electrónico de dados, como referimos supra.

[157] Tais como o princípio da autonomia da vontade, da liberdade contratual, da boa-fé, da consensualidade ou da liberdade de forma e da força vinculativa ou obrigatoriedade.

Estes princípios resultam da própria essência do contrato electrónico. Não esqueçamos que estamos perante contratos em que as manifestações de vontade são expressas sem que as partes estejam defronte uma da outra.

De entre os novos princípios salientemos o da identificação, requisito de validade do contrato electrónico, segundo o qual as partes devem estar devidamente identificadas, existindo a absoluta certeza recíproca de quem é a outra parte.

Também o princípio da autenticação, o qual traduz, igualmente, um requisito de validade do contrato electrónico. A autenticidade do conteúdo da mensagem deve ser assegurada, de forma a que não subsistam dúvidas sobre a manifestação de vontade demonstrada.

O cumprimento destes princípios é assegurado pela assinatura digital [158], a única forma de assegurar a imputação da mensagem ao seu verdadeiro autor.

Poderemos ainda salientar o princípio do não repúdio e o da verificação. Enquanto o primeiro implica que as partes não poderão alegar a invalidade de um contrato, pelo simples facto de ter sido celebrado por meios electrónicos – permitindo provar quais os intervenientes numa determinada transacção –, do segundo decorre que os contratos e os seus termos poderão ser sempre objecto de consulta futura, razão porque deverão ficar armazenados em suporte electrónico.

Qualquer um destes princípios tem, ainda que por vezes de forma não expressa e pouco clara, a devida consagração legal [159].

Um negócio jurídico é válido quando, sendo substancialmente e formalmente conforme às disposições legais que lhe são aplicáveis, produz normalmente os efeitos jurídicos para que tende [160]. Se assim é para o contrato em geral, também será para o contrato electrónico.

Em termos genéricos e na óptica do que neste trabalho interessa, poderemos dizer que as principais condições de validade assentam: nas partes contratuais e sua capacidade, no objecto do contrato e sua licitude e ainda na forma que o contrato deverá revestir.

---

[158] V. capítulo V, n.º 2 b).

[159] A título de exemplo e cingindo-nos á legislação nacional, veja-se art. 2.º als.) b e c), art. 3.º e art. 7.º todos do DL n.º 290 – D/99.

[160] Ana Prata, "Dicionário Jurídico", 2.ª ed., pág. 606.

A capacidade das partes contratantes é, obviamente, uma condição de validade do contrato electrónico.

Como abundantemente se referiu, não existe, pelo menos por enquanto, qualquer outra forma de conferir segurança ao contrato electrónico que não seja através da utilização de sistemas criptográficos, isto é, a assinatura digital.

Numa transacção via internet é natural que nos possamos interrogar sobre a capacidade de quem está do outro lado. Será que estamos perante uma manifestação de vontade séria e consciente? Será que esse interlocutor tem efectiva idoneidade para actuar juridicamente, com capacidade para exercer direitos e assumir obrigações?

A estas e outras questões, como oportunamente referimos, responderá a entidade certificadora.

Esta, surge como um verdadeiro terceiro na relação jurídica electrónica.

Como já referimos detalhadamente, a esta cabe antes da emissão do certificado requerido, verificar rigorosamente a identidade e capacidade dos requerentes, dos pares de chaves e respectivos certificados.

Ora, só após estar satisfeita a comprovação da identidade e capacidade do requerente, serão emitidos os pares de chaves e o certificado, o qual constará de um registo informático, permanentemente actualizado e acessível a qualquer pessoa para consulta, inclusivamente por meio de telecomunicações.

Cabe ao respectivo titular proceder, com o rigor exigível, a todas as diligências necessárias á protecção do seu certificado, evitando o seu uso por terceiros e preservando a confidencialidade de todas as informações que transmitir.

A idoneidade do objecto do contrato electrónico, naturalmente, constitui um requisito da sua validade.

Desta afirmação decorre a sujeição deste objecto ao preceituado no artigo 280.º do Código Civil. Assim este objecto deverá ser, sob pena de nulidade, física e legalmente possível, determinável, não contrário á lei, ordem pública e bons costumes.

Neste contexto, assume particular relevância o objecto negocial ilícito, contrário à ordem pública e aos bons costumes.

Assim, será ilícito o objecto de um contrato que viole frontalmente uma disposição legal, assim como aquele que, contornando essa disposição, procura atingir um resultado proibido por lei.

A não contrariedade à ordem pública e ausência de ofensa aos bons costumes, consubstanciam-se, essencialmente, na celebração de negócios que têm por objecto actos imorais, isto é, actos que ofendam quer os princípios fundamentais do sistema jurídico existente, quer a consciência moral colectiva. De entre estes salientamos os contratos de angariação e exibição de pornografia infantil, assim como muitos outros relacionados com sexo, racismo, etc [161]. O mesmo se diga relativamente à compra de armas de guerra ou à recentíssima venda de produtos químicos destinados ao fabrico de armas biológicas.

Relativamente à forma, já referimos que vigora o princípio da consensualidade ou da liberdade de forma [162].Todavia, este princípio não é absoluto, já que a própria lei prevê excepções para determinados contratos, onde é exigida determinada forma, seja ela documento escrito ou escritura pública.

Estas regras são extensíveis aos contratos electrónicos. Para todos eles vigora o princípio da liberdade da forma, à excepção daqueles em que a lei exija forma específica. Será o caso da compra e venda de um imóvel celebrada através de meios electrónicos. Tratando-se de um negócio sujeito a uma solenidade formal – escritura pública – a sua celebração por meios electrónicos será nula, nos termos do art. 220.º do Código Civil.

A declaração de vontade constitui o elemento essencial do contrato. Sem ela estaríamos perante a inexistência material do negócio [163].

O artigo 217.º do C. Civil considera a declaração de vontade como *declaração negocial,* sem definir se esta declaração corresponde a uma determinada vontade ou intenção ou se se refere a uma exteriorização de um certo comportamento.

Quanto a nós, consideramos a declaração negocial como uma declaração de vontade, na qual a declaração é o seu elemento exterior e a vontade o seu elemento interior.

Assim, a manifestação de uma declaração de vontade corresponde á exteriorização da consciência e intenção de a produzir.

Se todos os meios são admitidos para manifestar uma declaração de vontade [164], não faria sentido que não fosse aceite o meio electrónico para o mesmo efeito.

---

[161] Neste sentido a Decisão n.º 276/ 1999/ CE, publicada no JO n.º L 033 de 6/2/1999.

[162] Artigo 219.º do Código Civil.

[163] Neste sentido, Mota Pinto "Teoria Geral do Direito Civil", 3.ª ed., pág. 415.

[164] Um escrito, um gesto, um sinal, ou um telefone – Pires de Lima e Antunes Varela, "Código Civil Anotado", 3.ª ed., pág. 208.

## V – Os Contratos Electrónicos

É inquestionável, a nosso ver, que o utilizador de um computador ao accionar ou premir determinado comando, exterioriza validamente a sua vontade, dando origem a um vínculo contratual [165].

Ao longo de todo este processo, o utilizador sabe bem aquilo que pretende, assumindo desde o início uma atitude deliberada que culmina com o accionamento de um comando informático, que corresponderá á opção que representa a sua vontade.

Fundamental para a validade da manifestação de vontade emitida por meios electrónicos, é a compatibilidade técnica entre os sistemas utilizados. O destinatário da declaração de vontade tem de possuir os meios capazes para receber e entender a declaração enviada.

Assim, não será válida a declaração de vontade manifestada a partir de um *software* não compatível com o instalado no computador do destinatário.

Questão essencial é também a de saber qual o local de formação dos contratos electrónicos.

Naturalmente, só encontramos três possibilidades. Ou qualquer um dos locais onde se encontram o utilizador e o proponente do negócio, ambos ligados á Internet, ou a Internet em si, ou ainda, o local onde o proponente, proprietário do *web site*, exerce a sua actividade.

As duas primeiras hipóteses não merecem, no nosso entendimento, grande aceitação. Na verdade, sabendo que é possível efectuar comunicações electrónicas sem que se consiga determinar a localização exacta da sua proveniência, os lugares onde se encontram os respectivos computadores não têm muita relevância.

O mesmo se diga quanto á Internet em si. Não consideramos a Internet, espaço de realidade virtual, como um lugar onde as partes se encontram e produzem a respectiva proposta e aceitação.

A Internet é, antes, um meio que veicula essas manifestações de vontade, razão porque enjeitamos a possibilidade de vir a ser considerada como lugar da celebração.

Resta-nos o local onde o proponente do negócio exerce a sua actividade. Sem dúvida que é esta a solução acolhida por grande parte das legislações. Mas nem todas.

A Lei Modelo sobre Comércio Electrónico, que já abordámos anteriormente, considera, no seu artigo 15.º, sob a epígrafe *Tempo e lugar*

---

[165] É o que acontece com os contratos *clickwrap*, nos quais, como já dissemos, basta carregar num botão para aceitar a proposta contratual.

*de envio e recebimento das mensagens de dados* que uma declaração veiculada por meios electrónicos se considerará expedida e recebida no lugar onde remetente e destinatário, respectivamente, tenham o seu estabelecimento.

Assim, refere o mencionado artigo:

*1) Salvo convenção em contrário entre o remetente eo destinatário, o envio de uma mensagem electrónica ocorre quando esta entra num sistema de informação alheio ao controle do remetente ou da pessoa que enviou a mensagem electrónica em nome do remetente.*

*2) Salvo convenção em contrário entre o remetente eo destinatário, o momento de recepção de uma mensagem electrónica é determinado como se segue:*

*a) Se o destinatário houver designado um sistema de informação para o propósito de recebimento das mensagens electrónicas, o recebimento ocorre:*

*i) No momento em que a mensagem electrónica entra no sistema de informação designado; ou*

*ii) Se a mensagem electrónica é enviada para um sistema de informação do destinatário que não seja o sistema de informação designado, no momento em que a mensagem electrónica é recuperada pelo destinatário.*

*b) Se destinatário não houver designado um sistema de informação, o recebimento ocorre quando a mensagem electrónica entra no sistema de informação do destinatário.*

*3) Aplica-se o parágrafo 2.º ainda que o sistema de informação esteja situado num lugar distinto do lugar onde a mensagem electrónica se considere recebida de acordo com o parágrafo 4.º.*

*4) Salvo convenção em contrário entre o remetente e o destinatário, uma mensagem electrónica considera-se expedida no local onde o remetente tenha o seu estabelecimento e recebida no local onde o destinatário tenha o seu estabelecimento. Para os fins do presente parágrafo:*

*a) se o remetente ou o destinatário têm mais de um estabelecimento, o seu estabelecimento é aquele que guarde a relação mais estreita com a transacção subjacente ou, caso não exista uma transacção subjacente, o seu estabelecimento principal;*

*b) se o remetente ou o destinatário não possuírem estabelecimento, será levada em conta a sua residência habitual.*

*5) As disposições deste artigo não se aplicam ao que se segue:*

Em termos de legislação comunitária a Proposta de Directiva COM//98/0586 final [166] não estipulou qualquer regra relativa à determinação do local de celebração do contrato.

Não deixa, no entanto, de definir o local de estabelecimento de uma sociedade fornecedora de serviços através de um sítio Internet. Assim, o ponto 9 das *Considerações* determina que esse local não é o local onde se encontra a tecnologia de apoio a esse sítio, nem o local em que o mesmo é acessível.

Do artigo 2.º, que define *prestador estabelecido,* decorre que o estabelecimento será o local onde o prestador exerce a sua actividade económica, através de uma instalação estável, por um período indefinido.

A Directiva 2000/31/CE manteve, no essencial, o referido na COM//98/0586 final.

No entanto, veio clarificar algo mais. A alínea c) do artigo 2.º, que já reproduzimos integralmente, refere que a presença e utilização de meios técnicos e de tecnologias necessárias para prestar os serviços da sociedade da informação não constituem, em si mesmos, o estabelecimento do prestador desses serviços.

Em Portugal, o Anteprojecto do Decreto Lei de transposição desta Directiva [167] é substancialmente mais claro ao determinar no artigo 4.º, que *a lei aplicável aos fornecedores de serviços da sociedade de informação e aos serviços por estes prestados é a lei do local de estabelecimento.*

Orientação que se manteve no Decreto Lei 7/2004, consagrando-se a aplicação da lei do lugar do estabelecimento quer para os prestadores de serviços estabelecidos em Portugal [168], quer para os prestadores que aqui não se encontram estabelecidos [169].

---

[166] Proposta que antecedeu a Directiva 2000/31/CE, publicada no J.O. n.º C – 030.

[167] Com consulta em http://www.mj.gov.pt .

[168] Artigo 4.º.

[169] Artigo 5.º, n.º 1.

## 80  Comércio Electrónico Contratos Electrónicos e Informáticos

Naturalmente, a inexistência de estabelecimento ou a impossibilidade de determinar a residência podem causar algumas dificuldades na determinação da legislação aplicável.

A atitude do prestador de serviços é aqui determinante.

Poderemos assim dizer, que o utilizador que entra num certo *web site* terá de saber que um eventual contrato a celebrar será sujeito ás normas do local onde se encontra o estabelecimento do promotor do *site*. Torna-se aqui irrelevante se essa empresa armazena os seus dados informáticos em qualquer outro local, com jurisdição diferente. Relevante é que decorra do próprio *web site* a posição dessa empresa face ao mercado onde desenvolve a sua actividade.

Efectivamente existem indícios que nos podem levar a concluir que uma empresa estrangeira a actuar em Portugal, está a abdicar da jurisdição do seu país de origem, sujeitando-se assim á jurisdição portuguesa. Assim acontece, quando revela a sua nítida intenção de se estabelecer no nosso mercado, utilizando nas páginas do seu *web site* a língua portuguesa, ou quando efectua outras referências ao território nacional, como se aqui estivesse realmente estabelecida.

Nestes casos o estabelecimento será, não a residência geográfica do promotor do *web site*, nem a localização dos seus meios técnicos, mas o local onde, de forma inequívoca, esse promotor está a desenvolver a sua actividade, adequando-se a certas regras que não sendo as da sua origem são as dos utilizadores alvo dos seus produtos.

Esta posição decorre também da jurisprudência norte-americana que tem vindo a determinar, ainda que de forma indirecta, o local da formação dos contratos electrónicos.

Salientamos o "caso Zippo" [170] que para além da contribuição para a definição do local da formação do contrato electrónico, distingue,

---

[170] Que opôs a Zippo Manufactoring Company e a Zippo Dot Com, Incorporation, vindo o Tribunal a decidir que a jurisdição competente para dirimir questões relacionadas com o nome de domínio, seria a do Estado onde a demandante Zippo M. Company praticou actos suficientes para caracterizar a sua actividade comercial naquele Estado como constante e estável, independentemente de qualquer ligação física dessa empresa a esse Estado. U.S. District Court for the Western District of Pennsylvania. Civil Action n. 96-397 Erie, Zippo Manufactoring Company v. Zippo Dot Com, Incorporation, Jan.16 th., 1997. Electronic Commerce & Law Report, The Bureau of National Affairs Inc..

relativamente à relação do utilizador com o *web site*, três tipos de *web sites*: passivos, intermediários e interactivos [171].

No primeiro, o utilizador depara-se apenas com várias informações ou anúncios, não sendo possível qualquer interacção com o *site*. No segundo, já existe alguma interacção entre o utilizador e o *web site*, consistindo esta em simples troca de informações. No terceiro, verifica--se efectiva interactividade que permite a celebração de contratos electrónicos, sendo-lhes aplicável a legislação do local onde se encontra o utilizador, desde que o *web site* demonstre, como referimos, a sua intenção de se estabelecer nesse local.

Atentemos, por fim, ao momento da celebração do contrato electrónico.

O momento de formação do contrato assume particular importância, pois determina quando é que se considera que um contrato electrónico foi celebrado, formalizando a data em que as partes envolvidas se encontram vinculadas.

Como já antes citamos a Directiva 2000/31/CE não regula esta matéria. O que não deixa de se compreender, face á diversidade legislativa entre os Estados-Membros.

Todavia, a Directiva [172] vem introduzir, no que concerne a esta matéria, um conceito jurídico novo, de difícil determinação, quando obriga o prestador de serviços a acusar a recepção da encomenda do destinatário do serviço, *sem atraso injustificado.*

Caberá perguntar que sentido dar a esta expressão de cariz temporal, tanto mais que ela corresponde a uma exigência que impende sobre o prestador de serviços.

Sabemos que a Directiva não o explicitou, remetendo para os Estados-Membros a sua concretização.

Diga-se aliás que a Directiva nos coloca, ainda neste contexto, uma outra situação pouco clara.

Na verdade, o artigo 11.º considera que a encomenda e o aviso de recepção são recebidos *quando as partes a que são endereçados têm possibilidade de aceder a estes.*

Ora, várias situações podem impedir este acesso. Basta pensar numa simples avaria do equipamento, ou numa eventual e acidental ausência de uma das partes. O legislador terá pensado no endereço electrónico de cada uma das partes e na capacidade de armazenamento e conservação dessas

---

[171] E. Barbagalo, "Contratos Electrónicos", Ed. Saraiva, S. Paulo.
[172] No seu artigo 11.º.

82    *Comércio Electrónico Contratos Electrónicos e Informáticos*

mensagens. Pressupõe assim, que sendo utilizada, por qualquer uma das partes o endereço electrónico e a respectiva caixa de correio, ficará superada esta dificuldade.

A Lei 7/2004 não altera a redacção da Directiva, conforme o seu artigo 31.º, n.º 2:

> *2 – A ordem de encomenda, o aviso de recepção e a confirmação da encomenda consideram-se recebidos logo que os destinatários têm a possibilidade de aceder a eles.*

Por outro lado, e ao contrário de outras legislações comunitárias [173], este diploma, não define expressamente um prazo para o prestador de serviços acusar a recepção do pedido, já que utiliza a expressão *logo que receba uma ordem de encomenda* [174].

Não obstante não se comprometer com um prazo efectivo, cremos que a expressão utilizada pressupõe uma atitude imediata, ou tão imediata quanto possível, sendo assim mais clara e eficiente do que a adoptada na Directiva.

Fica claro, todavia, que o mero aviso de recepção da ordem de encomenda não tem significado para a determinação do momento de conclusão do contrato [175].

Nos termos do diploma em causa, entende-se que o aviso de recepção da encomenda assegura só a efectividade da comunicação electrónica.

A confirmação do destinatário [176], posterior ao aviso de recepção, porque reeitera a encomenda efectuada, afastando eventuais enganos e assegurando a efectiva manifestação da vontade declarada, constitui o momento em que que o contrato se considera concluído.

---

[173] De entre as quais a espanhola, que no artigo 28.º, 1, a) da Ley de Servicios de la Sociedad de la Información e de Comércio Electrónico estipula que o prestador de serviços terá de acusar a recepção da encomenda *no prazo das vinte e quatro horas seguintes*. Por outro lado, dispõe no seu artigo 28.º 2 que *no caso em que a recepção da aceitação se confirme através de aviso de recepção, presumir-se-à que o seu destinatário pode ter o referido conhecimento, desde que esse aviso tenha sido armazenado no servidor no qual esteja activa a sua conta de correio electrónico ou no dispositivo utilizado para a recepção de comunicações.*

[174] Artigo 29.º, n.º 1.

[175] Artigo 32.º, n.º 2.

[176] Ou consentimento *on-line.*

## VI – Os contratos informáticos

Como referimos, o permanente desenvolvimento da informática fez despontar novas formas contratuais.

Abordamos já os contratos electrónicos. Para além destes surgiram os contratos informáticos [177].

A eventual confusão entre eles é meramente aparente. Enquanto nos contratos electrónicos nos reportamos a operações *on-line,* em que os meios informáticos veiculam as respectivas manifestações de vontade, nos contratos informáticos, não obstante poderem ser celebrados *on-line*, não é essencial o uso deste meio para a sua definição.

Na verdade, são contratos com uma tipicidade específica quer lhes advém do seu objecto: bens ou serviços informáticos.

Se preferirmos, para reafirmar a distinção, enquanto no contrato electrónico a informática é o meio essencial à sua concretização, independentemente do seu objecto, no contrato informático é a informática o objecto do contrato.

A tipicidade destes contratos resulta, como referimos, não só do seu objecto mas também do próprio enquadramento em que se inserem.

Assim, falamos de contratos onde existe, na generalidade, uma posição dominante exercida pelo fornecedor dos bens ou equipamentos informáticos. Estes, pela sua própria complexidade exigem que o fornecedor possua capacidades, conhecimentos e domínio de tecnologia que o adquirente não possui, o que, em consequência causa natural desiquilíbrio na relação contratual.

Por outro lado, a concentração de empresas fornecedoras favorece o exercício desta posição dominante e o abuso dela.

---

[177] Também denominados contratos de IT – Information Technology –, ou seja, tecnologia de informação.

## 84 Comércio Electrónico Contratos Electrónicos e Informáticos

Se pensarmos nos fornecedores de software, verificamos que as empresas americanas dominam, ao menos por enquanto, o mercado mundial, o que potencia frequentes abusos com claros reflexos nas condições de contratação impostas aos utilizadores [178].

Neste contexto, que não é comum a outras formas contratuais, têm vários autores apelado à criação de um ramo de direito específico – Direito da informática – que, de forma efectiva corrija as distorções de um mercado em constante evolução.

Os contratos informáticos assumem ainda uma outra característica peculiar, que acaba por ser uma decorrência normal do que acabamos de referir: a relevância da fase pré-contratual.

De facto, se por um lado impende sobre o adquirente a obrigação de manter um apurado cuidado de forma a precaver-se perante cláusulas contratuais claramente penalizadoras, por outro, não podemos esquecer que estamos face a bens e serviços que, dada a sua complexidade própria, carecem de uma adequação específica às necessidades do utilizador, sendo essencial a efectiva correspondência entre uns e outras, sob pena de se frustrar a finalidade contratual.

Diga-se ainda que a contratualização de um processo de informatização, bastante oneroso, implica que este tenha uma duração

---

[178] Veja-se o caso da Microsoft, o maior fabricante de software do Mundo.Os processos contra esta empresa, com fundamento em abuso de posição dominante, iniciaram-se 1998, nos EUA, ano em que foi proferida uma decisão judicial que proibia as atitudes monopolistas da empresa no mercado americano de software. Posteriormente surgiu uma nova condenação pelo facto da Microsoft tentar monopolizar o mercado de *browsers* para a Internet, ao juntar o Internet Explorer ao pacote do Windows. Na verdade, a Microsoft tem vindo a aproveitar-se do seu sistema operacional Windows para impedir uma desejável concorrência. Ao incluir neste sistema vários programas distintos com capacidade para executar funções diversas, a Microsoft "esmaga" as empresas concorrentes que vendem esse tipo de programas isoladamente. Por isso, em 2002 a Americaonline e a Sun Microsystems processaram a empresa por práticas anticoncorrenciais, o que levou a Realnetworks a fazê-lo em 2003.

Estes processos alargaram-se à Europa. De acordo com o Press Release da Comissão Europeia de 24/03/04 (com o n.º IP/04/382 e acesso em:http://europa.eu.int/ rapid/pressreleases), a Comissão adoptou uma decisão em que conclui *que a empresa de software norte-americana, a Microsoft Corporation, infringiu as regras de concorrência consignadas no Tratado CE ao ter abusado do seu quase monopólio (art. 82.º) no mercado de sistemas operativos de PC.* Para além da coima imposta à Microsoft, no valor de 497 milhões de euros, a Comissão impôs ainda a obrigação da Microsoft propor aos fabricantes de PC uma versão do seu sistema operativo Windows sem o "Windows Media Player".

## V – Os Contratos Informáticos

elevada, obrigando os contratantes a prestações que se prolongam no tempo, o que neste contexto – o meio informático sempre em evolução – poderá determinar a constante actualização de vários componentes do sistema e as correspondentes contrapartidas.

Crucial se torna, pelo exposto, a preparação do contrato informático a celebrar.

Além das questões relevantes enunciadas, o objecto do contrato informático, essencial à sua tipicidade, carece de uma definição.

Esclareçamos então o que se entende por bens e serviços informáticos.

Por bens informáticos, poderá entender-se o conjunto de bens que inclui todos os elementos materiais que constituem o suporte físico do computador – hardware – e os dados e procedimentos que consubstanciam e sustentam todo o suporte informático – software.

Davara Rodriguez [179] considera bens informáticos como todos os elementos que formam o sistema – computador – relativos ao hardware, quer seja a unidade central de processamento ou os seus periféricos, e todos os equipamentos que têm uma relação directa de uso face a eles e que, no seu conjunto, formam o suporte físico do elemento informático, assim como os bens não materiais que proporcionam as ordens, dados, procedimentos e instruções, para o tratamento automático da informação, os quais no seu conjunto constituem o suporte lógico do elemento informático.

Quanto aos serviços informáticos, refere o autor citado que eles são todos aqueles que servem de apoio e complemento à actividade informática, numa relação de afinidade directa com ela.

Assim definidos, os serviços informáticos contemplam inúmeras variedades, como adiante veremos.

Esta caracterização leva-nos a uma classificação dos contratos informáticos em função do seu objecto.

Assim, temos, no que diz respeito aos bens informáticos, o contrato de hardware [180] – que incide sobre a parte física do sistema informático, o contrato de software – que poderá versar sobre o software básico do

---

[179] "Derecho Informático", Editorial Aranzadi, Espanha.

[180] Os contratos de hardware foram os primeiros contratos informáticos. Na década de 60 o contrato de hardware compreendia o próprio hardware, o software, a manutenção dos equipamentos e a formação dos utilizadores. A IBM, a partir de 1969 iniciou uma política de *unbundling* – processo de separação de produtos e serviços – separando os conceitos que integravam o anterior contrato de hardware. Vieram assim a autonomizar-se o contrato de software e os contratos de serviços informáticos.

86    *Comércio Electrónico Contratos Electrónicos e Informáticos*

sistema ou sobre um software escolhido pelo utilizador para um uso determinado e por fim o contrato de instalação "chave na mão", também denominado *turn-key package*, que abarca hardware, software e alguns serviços como a manutenção do sistema ou a própria formação do utilizador, sendo assim, contratos mistos.

Por contratos mistos entende a doutrina os contratos nos quais se reunem elementos de dois ou mais negócios, total ou parcialmente regulados na lei [181].

Assim, as partes, em função dos seus interesses, celebram *um contrato com prestações de natureza diversa ou com uma articulação de prestações diferente da prevista na lei* [182].

No nosso Código Civil é o n.º 2 do artigo 405.º que contém a previsão deste tipo contratual:

> *As partes podem ainda reunir no mesmo contrato regras de dois ou mais negócios, total ou parcialmente regulados na lei.*

A mesma posição é sustentada pela jurisprudência.

Atente-se no Acórdão do STJ de 23/04/98 [183], que refere:

> *Há um contrato misto quando nele se reunem elementos diversos de tipos contratuais diferentes, unificados num único negócio.*

Neste contexto específico, salientemos ainda o Acórdão do STJ de 26/10/93 [184]:

> *Face ao conteúdo do contrato celebrado entre a autora e ré, tendo esta o fim de adquirir, para si, um equipamento informático mas, também, que esse equipamento fosse instalado pela autora na sua sede para os fins referidos e com as interligações necessárias para que as suas actividades empresariais fossem sujeitas a tratamento informático, tal contrato é misto, de compra e venda e empreitada.*

De entre as várias classificações de contrato misto e atendendo ao contexto específico dos contratos informáticos, como o caso do contrato "chave na mão", verificamos que estamos perante um contrato misto

---

[181] Antunes Varela, ob. citada. No mesmo sentido, Almeida Costa, "Direito das Obrigações", Coimbra Editora.

[182] Antunes Varela, ob. citada.

[183] Com acesso em htpp://www.dgsi.pt.

[184] Com o acesso supra referido.

# V – Os Contratos Informáticos

combinado, pelo qual uma das partes fica vinculada a duas ou mais prestações principais e a contraparte fica adstrita a uma prestação única. Ao fornecedor cabe vender o equipamento, prestar os serviços de instalação, manutenção e ainda de formação do adquirente. A este cabe apenas pagar o preço devido.

Neste âmbito e para além do contrato de instalação "chave na mão", encontramos o contrato de *back up* [185], que visa assegurar a manutenção da actividade empresarial sempre que determinadas situações possam impedir o funcionamento do sistema informático, e o contrato de *outsourcing* [186], na medida em que implica a contratação de uma empresa externa que, integrando-se na estratégia da sua cliente, presta todo o tipo de serviços informáticos.

Relativamente aos serviços informáticos existe uma larga panóplia de contratos, de entre os quais salientamos a consultoria informática, a auditoria informática, a manutenção de equipamentos [187], formação de utilizadores [188], de *escrow* [189] e de *outsourcing*.

Os contratos informáticos podem igualmente ser classificados em função do negócio jurídico que envolvem. Assim, temos entre outros, a

---

[185] Contrato que implica uma operação ou um conjunto de operações através da qual se copia total ou parcialmente a informação contida em suportes internos ou externos, de forma a poder ser recuperada em caso de perda ou deterioração.

[186] Que implica a subcontratação de todo (*outsourcing* total) ou parte dos trabalhos informáticos (*outsourcing* parcial) através de um contrato celebrado com uma empresa externa que se integra na estratégia da empresa contratante. Actualmente, este tipo contratual reveste uma importância crescente, pois suprime a falta de recursos internos e a inexistência de formação adequada, assim como possibilita a redução de custos, potenciando o acesso a novas tecnologias, evitando a obsolescência dos equipamentos.

[187] A manutenção compreende, na generalidade, a oferta de mão de obra e equipamento, destinados a corrigir preventivamente ou correctivamente erros ou defeitos do sistema fornecido.

[188] Normalmente incluída na assistência técnica do sistema e/ou equipamentos adquiridos.

[189] Contrato que permite ao criador de um determinado software não revelar as fontes da sua criação, nomeadamente os dados e códigos específicos utilizados, ao adquirente do seu programa. Através deste contrato esses dados e códigos são depositados numa entidade responsável pela sua guarda, podendo esta entidade na qualidade de depositário e de acordo com as condições contratualmente estabelecidas, sempre futuras e incertas, vir a fornecer os elementos depositados aos seus utilizadores, possibilitando o normal desenvolvimento da obra.

88    *Comércio Electrónico Contratos Electrónicos e Informáticos*

compra e venda, a locação financeira, o aluguer, a licença de uso e a prestação de serviços.

Alguns autores distinguem ainda estes contratos em função das capacidades do equipamento e da realidade económica e jurídica subjacente.

Assim, consideram-se os equipamentos de grande e média dimensão, com alta capacidade de processamento, capazes de funcionar ininterruptamente com múltiplos utilizadores e de custo elevado. E os equipamentos de pequena dimensão, destinados essencialmente a um único utilizador, com um nível de desenvolvimento abaixo dos acima mencionados e com um custo equivalente. São estes os denominados *desktops* [190], ou os portáteis nas suas várias modalidades [191].

As diferenças estão á vista. Mas não se limitam a estas considerações.

Para o primeiro tipo de equipamentos os contratos são sempre escritos, com forte prevalência da fase pré-contratual que anteriormente abordamos. Por outro lado, nestes contratos, o cumprimento integral não implica a tradição do bem. Isto é, o contrato não se poderá dar por concluído pela simples entrega do equipamento. Este cumprimento só é atingível com a constatação do bom funcionamento do material informático instalado, o qual deverá cumprir correctamente as etapas de adequação pré-negociadas pelo fornecedor.

Voltando à nossa jurisprudência, refere o Acórdão do STJ de 25/05/ /04 [192]:

> *Constitui obrigação de resultado a que subjaz a um contrato (de objecto informático) relacionado com o fornecimento de "hardware" e "software", não circunscrito "a base e rede" mas extensível a um "fim aplicacional".*
>
> *Se nos termos de um tal contrato, a fornecedora se obrigou perante a adquirente, não só a fornecer-lhe e a instalar esse equipamento e assegurar-lhe o seu eficaz funcionamento, como ainda a prestar- -lhe assistência técnica de harmonia com as exigências específicas do seu serviço do restaurante, tendo-se por objectivo a instalação (incluindo serviços de adequada formação, ou instrução, do pessoal no seu uso) de um sistema informático adequado às necessidades da Ré, quis-se uma "solução informática", isto é, o fornecimento de um sistema com aptidão técnica requerida para a solução desse específico*

---

[190] Ou computadores de escritório, com elementos separados.
[191] Como os *laptops*, *notebooks*, *handhelds* ou *palmtops*.

*problema, ou seja a obtenção do produto ou resultado de um labor intelectual (imaterial) de natureza técnica, que não uma obra ou resultado de natureza meramente física ou material.*

*O que tudo leva ao preenchimento do tipo negocial sujeito ao regime específico do contrato de venda sujeita a prova, previsto no artigo 925.º do C. Civil, se a respectiva eficácia tiver ficado condicionada à objectiva idoneidade da coisa para a satisfação do fim ou fins a que se destinava e à existência, nela, das qualidades asseguradas pelo vendedor: isto é ficaria condicionada ao resultado de um exame (póstumo) a fazer, destinado a averiguar da aptidão do objecto.*

Na medida em que são contratos que, geralmente, têm a ver com a compra e venda, aluguer ou locação financeira, estão sujeitos às disposições legais respectivas, de foro cível ou comercial.

Com os equipamentos de pequena dimensão a realidade é bastante diversa.

Em primeiro lugar a aquisição de equipamento passa por um simples contrato verbal [193]. Ou através de um contrato de adesão em que o adquirente aceita as condições impostas pelo vendedor [194].

Por outro lado, a tradição da coisa, seja no estabelecimento ou noutro lugar acordado, determina o cumprimento contratual. Tanto mais que, a instalação do equipamento, pela sua própria simplicidade, cabe quase sempre ao adquirente.

Ao adquirir estipo de equipamento, o utilizador – que conta com a simples factura para fixar o período de experimentação e garantia – submete-se ao direito do consumidor. A este ramo do direito cabe garantir a sua protecção para efeitos de uma eventual substituição, reparação ou ressarcimento de danos.

No caso de aquisição de software, tenhamos presente que quem adquire um programa de computador, não compra efectivamente esse programa, mas sim a licença de uso do mesmo. Neste sentido, veja-se o aque atrás referimos sobre a protecção de programas de computador.

---

[192] Com o acesso supra citado.

[193] Recordemos que estamos perante material informático que se pode adquirir em qualquer grande superfície comercial.

[194] Contrato em que uma das partes estabelece previamente as cláusulas contratuais, cabendo à outra aceitar ou recusar o conteúdo do contrato.

# Comércio Electrónico Contratos Electrónicos e Informáticos

Em termos de caracterização jurídica e para além de revestirem muitas vezes a forma de contratos mistos, diremos que os contratos informáticos são inominados – pois não estão expressamente previstos na lei [195] –, são sinalagmáticos – visto que impõem obrigações recíprocas às partes –, onerosos – já que cada uma das partes sofre um sacrifício e uma vantagem patrimonial – e, por fim, consensuais, bastando o acordo de vontades para que seja validamente celebrado.

No sentido de auxiliar o leitor a melhor entender esta recente modalidade contratual, entendemos juntar, em anexo, algumas minutas dos contratos informáticos mais frequentemente celebrados.

---

[195] O que não significa a sua não sujeição a uma regulamentação específica, como acontece com a compra e venda e a locação financeira, entre outros.

## VII – Legislação

## Decreto-Lei n.º 7/2004 de 7 de Janeiro

1. O presente diploma destina-se fundamentalmente a realizar a transposição da Directiva n.º 2000/31/CE, do Parlamento Europeu e do Conselho, de 8 de Junho de 2000.

A directiva sobre comércio electrónico, não obstante a designação, não regula todo o comércio electrónico: deixa amplas zonas em aberto ou porque fazem parte do conteúdo de outras directivas ou porque não foram consideradas suficientemente consolidadas para uma harmonização comunitária ou, ainda, porque não carecem desta. Por outro lado, versa sobre matérias como a contratação electrónica, que só tem sentido regular como matéria de direito comum e não apenas comercial.

Na tarefa de transposição, optou-se por afastar soluções mais amplas e ambiciosas para a regulação do sector em causa, tendo-se adoptado um diploma cujo âmbito é fundamentalmente o da directiva. Mesmo assim, aproveitou-se a oportunidade para, lateralmente, versar alguns pontos carecidos de regulação na ordem jurídica portuguesa que não estão contemplados na directiva.

A transposição apresenta a dificuldade de conciliar categorias neutras próprias de uma directiva, que é um concentrado de sistemas jurídicos diferenciados, com os quadros vigentes na nossa ordem jurídica. Levou--se tão longe quanto possível a conciliação da fidelidade à directiva com a integração nas categorias portuguesas para tornar a disciplina introduzida compreensível para os seus destinatários. Assim, a própria sistemática da directiva é alterada e os conceitos são vertidos, sempre que possível, nos quadros correspondentes do direito português.

92    *Comércio Electrónico Contratos Electrónicos e Informáticos*

2. A directiva pressupõe o que é já conteúdo de directivas anteriores. Particularmente importante é a directiva sobre contratos à distância, já transposta para a lei portuguesa pelo Decreto-Lei n.º 143/2001, de 26 de Abril. Parece elucidativo declarar expressamente o carácter subsidiário do diploma de transposição respectivo.

O mesmo haverá que dizer da directiva sobre a comercialização à distância de serviços financeiros, que está em trabalhos de transposição.

Uma das finalidades principais da directiva é assegurar a liberdade de estabelecimento e de exercício da prestação de serviços da sociedade da informação na União Europeia, embora com as limitações que se assinalam.

O esquema adoptado consiste na subordinação dos prestadores de serviços à ordenação do Estado membro em que se encontram estabelecidos. Assim se fez, procurando esclarecer quanto possível conceitos expressos em linguagem generalizada mas pouco precisa como «serviço da sociedade da informação». Este é entendido como um serviço prestado a distância por via electrónica, no âmbito de uma actividade económica, na sequência de pedido individual do destinatário o que exclui a radiodifusão sonora ou televisiva.

O considerando 57) da Directiva n.º 2000/31/CE recorda que «o Tribunal de Justiça tem sustentado de modo constante que um Estado membro mantém o direito de tomar medidas contra um prestador de serviços estabelecido noutro Estado membro, mas que dirige toda ou a maior parte das suas actividades para o território do primeiro Estado membro, se a escolha do estabelecimento foi feita no intuito de iludir a legislação que se aplicaria ao prestador caso este se tivesse estabelecido no território desse primeiro Estado membro».

3. Outro grande objectivo da directiva consiste em determinar o regime de responsabilidade dos prestadores intermediários de serviços. Mais precisamente, visa-se estabelecer as condições de irresponsabilidade destes prestadores face à eventual ilicitude das mensagens que disponibilizam.

Há que partir da declaração da ausência de um dever geral de vigilância do prestador intermediário de serviços sobre as informações que transmite ou armazena ou a que faculte o acesso. Procede-se também ao enunciado dos deveres comuns a todos os prestadores intermediários de serviços.

Segue-se o traçado do regime de responsabilidade específico das actividades que a própria directiva enuncia: simples transporte, armazenagem intermediária e armazenagem principal. Aproveitou-se a oportunidade para prever já a situação dos prestadores intermediários de serviços de associação de conteúdos (como os instrumentos de busca e as hiperconexões), que é assimilada à dos prestadores de serviços de armazenagem principal.

Introduz-se um esquema de resolução provisória de litígios que surjam quanto à licitude de conteúdos disponíveis em rede, dada a extrema urgência que pode haver numa composição prima facie. Confia-se essa função à entidade de supervisão respectiva, sem prejuízo da solução definitiva do litígio, que só poderá ser judicial.

4. A directiva regula também o que se designa como comunicações comerciais. Parece preferível falar de «comunicações publicitárias em rede», uma vez que é sempre e só a publicidade que está em causa.

Aqui surge a problemática das comunicações não solicitadas, que a directiva deixa em grande medida em aberto. Teve-se em conta a circunstância de entretanto ter sido aprovada a Directiva n.º 2002/58/CE, do Parlamento Europeu e do Conselho, de 12 de Julho de 2002, relativa ao tratamento de dados pessoais e à protecção da privacidade no sector das comunicações electrónicas (directiva relativa à privacidade e às comunicações electrónicas), que aguarda transposição. O artigo 13.º desta respeita a comunicações não solicitadas, estabelecendo que as comunicações para fins de marketing directo apenas podem ser autorizadas em relação a destinatários que tenham dado o seu consentimento prévio. O sistema que se consagra inspira-se no aí estabelecido.

Nessa medida este diploma também representa a transposição parcial dessa directiva no que respeita ao artigo 13.º (comunicações não solicitadas).

5. A contratação electrónica representa o tema de maior delicadeza desta directiva. Esclarece-se expressamente que o preceituado abrange todo o tipo de contratos, sejam ou não qualificáveis como comerciais.

O princípio instaurado é o da liberdade de recurso à via electrónica, para que a lei não levante obstáculos, com as excepções que se apontam. Para isso haverá que afastar o que se oponha a essa celebração. Particularmente importante se apresentava a exigência de forma escrita. Retoma-se a fórmula já acolhida no artigo 4.º do Código dos Valores Mobiliários que é ampla e independente de considerações técnicas: as declarações emitidas por via electrónica satisfazem as exigências legais de forma escrita quando oferecem as mesmas garantias de fidedignidade, inteligibilidade e conservação.

Outro ponto muito sensível é o do momento da conclusão do contrato. A directiva não o versa, porque não se propõe harmonizar o direito civil.

Os Estados membros têm tomado as posições mais diversas. Particularmente, está em causa o significado do aviso de recepção da encomenda, que pode tomar-se como aceitação ou não.

Adopta-se esta última posição, que é maioritária, pois o aviso de recepção destina-se a assegurar a efectividade da comunicação electrónica, apenas, e não a exprimir uma posição negocial. Mas esclarece-se também que a oferta de produtos ou serviços em linha representa proposta contratual ou convite a contratar, consoante contiver ou não todos os elementos necessários para que o contrato fique concluído com a aceitação.

Procura também regular-se a chamada contratação entre computadores, portanto a contratação inteiramente automatizada, sem intervenção humana. Estabelece-se que se regula pelas regras comuns enquanto estas não pressupuserem justamente a actuação (humana). Esclarece-se também em que moldes são aplicáveis nesse caso as disposições sobre erro.

6. Perante a previsão na directiva do funcionamento de mecanismos de resolução extrajudicial de litígios, inclusive através dos meios electrónicos adequados, houve que encontrar uma forma apropriada de transposição deste princípio.

As muitas funções atribuídas a entidades públicas aconselham a previsão de entidades de supervisão.

Quando a competência não couber a entidades especiais, funciona uma entidade de supervisão central: essa função é desempenhada pela ICP-ANACOM. As entidades de supervisão têm funções no domínio da instrução dos processos contra-ordenacionais, que se prevêem, e da aplicação das coimas respectivas.

O montante das coimas é fixado entre molduras muito amplas, de modo a serem dissuasoras, mas, simultaneamente, se adequarem à grande variedade de situações que se podem configurar.

Às contra-ordenações podem estar associadas sanções acessórias; mas as sanções acessórias mais graves terão necessariamente de ser confirmadas em juízo, por iniciativa oficiosa da própria entidade de supervisão.

Prevêem-se providências provisórias, a aplicar pela entidade de supervisão competente, e que esta pode instaurar, modificar e levantar a todo o momento.

Enfim, é ainda objectivo deste diploma permitir o recurso a meios de solução extrajudicial de litígios para os conflitos surgidos neste domínio, sem que a legislação geral traga impedimentos, nomeadamente à solução destes litígios por via electrónica.

Foi ouvida a Comissão Nacional de Protecção de Dados, o ICP – Autoridade Nacional de Comunicações, o Banco de Portugal, a Comissão de Mercado de Valores Mobiliários, o Instituto de Seguros de Portugal, a Unidade de Missão Inovação e Conhecimento, o Instituto do Consumidor, a Associação Portuguesa para a Defesa dos Consumidores, a Associação Fonográfica Portuguesa e a Sociedade Portuguesa de Autores.

Assim:

No uso da autorização legislativa concedida pelo artigo 1.º da Lei n.º 7/2003, de 9 de Maio, e nos termos das alíneas a) e b) do n.º 1 do artigo 198.º da Constituição, o Governo decreta o seguinte:

# CAPÍTULO I
## Objecto e âmbito

### Artigo 1.º
### Objecto

O presente diploma transpõe para a ordem jurídica interna a Directiva n.º 2000/31/CE, do Parlamento Europeu e do Conselho, de 8 de Junho de 2000, relativa a certos aspectos legais dos serviços da sociedade de informação, em especial do comércio electrónico, no mercado interno (Directiva sobre Comércio Electrónico) bem como o artigo 13.º da Directiva n.º 2002/58/CE, de 12 de Julho de 2002, relativa ao tratamento de dados pessoais e a protecção da privacidade no sector das comunicações electrónicas (Directiva relativa à Privacidade e às Comunicações Electrónicas).

### Artigo 2.º
### Âmbito

1. Estão fora do âmbito do presente diploma:

a) A matéria fiscal;

b) A disciplina da concorrência;

c) O regime do tratamento de dados pessoais e da protecção da privacidade;

d) O patrocínio judiciário;

e) Os jogos de fortuna, incluindo lotarias e apostas, em que é feita uma aposta em dinheiro;

96 *Comércio Electrónico Contratos Electrónicos e Informáticos*

f) A actividade notarial ou equiparadas, enquanto caracterizadas pela fé pública ou por outras manifestações de poderes públicos.

2. O presente diploma não afecta as medidas tomadas a nível comunitário ou nacional na observância do direito comunitário para fomentar a diversidade cultural e linguística e para assegurar o pluralismo.

## CAPÍTULO II

### Prestadores de serviços da sociedade da informação

ARTIGO 3.º

### Princípio da liberdade de exercício

1. Entende-se por «serviço da sociedade da informação» qualquer serviço prestado a distância por via electrónica, mediante remuneração ou pelo menos no âmbito de uma actividade económica na sequência de pedido individual do destinatário.

2. Não são serviços da sociedade da informação os enumerados no anexo ao Decreto-Lei n.º 58/2000, de 18 de Abril, salvo no que respeita aos serviços contemplados nas alíneas c), d) e e) do n.º 1 daquele anexo.

3. A actividade de prestador de serviços da sociedade da informação não depende de autorização prévia.

4. Exceptua-se o disposto no domínio das telecomunicações, bem como todo o regime de autorização que não vise especial e exclusivamente os serviços da sociedade da informação.

5. O disposto no presente diploma não exclui a aplicação da legislação vigente que com ele seja compatível, nomeadamente no que respeita ao regime dos contratos celebrados a distância e não prejudica o nível de protecção dos consumidores, incluindo investidores, resultante da restante legislação nacional.

ARTIGO 4.º

### Prestadores de serviços estabelecidos em Portugal

1. Os prestadores de serviços da sociedade da informação esta-belecidos em Portugal ficam integralmente sujeitos à lei portuguesa relativa à actividade que exercem, mesmo no que concerne a serviços da sociedade da informação prestados noutro país comunitário.

## VII – Legislação

2. Um prestador de serviços que exerça uma actividade económica no país mediante um estabelecimento efectivo considera-se estabelecido em Portugal seja qual for a localização da sua sede, não configurando a mera disponibilidade de meios técnicos adequados à prestação do serviço, só por si, um estabelecimento efectivo.

3. O prestador estabelecido em vários locais considera-se estabelecido, para efeitos do n.º 1, no local em que tenha o centro das suas actividades relacionadas com o serviço da sociedade da informação.

4. Os prestadores intermediários de serviços em rede que pretendam exercer estavelmente a actividade em Portugal devem previamente proceder à inscrição junto da entidade de supervisão central.

5. «Prestadores intermediários de serviços em rede» são os que prestam serviços técnicos para o acesso, disponibilização e utilização de informações ou serviços em linha independentes da geração da própria informação ou serviço.

### Artigo 5.º

### Livre prestação de serviços

1. Os prestadores de serviços da sociedade da informação não estabelecidos em Portugal mas estabelecidos noutro Estado membro da União Europeia é aplicável, exclusivamente no que respeita a actividades em linha, a lei do lugar do estabelecimento:

a) Aos próprios prestadores, nomeadamente no que respeita a habilitações, autorizações e notificações, à identificação e à responsabilidade;

b) Ao exercício, nomeadamente no que respeita à qualidade e conteúdo dos serviços, à publicidade e aos contratos.

2. É livre a prestação dos serviços referidos no número anterior, com as limitações constantes dos artigos seguintes.

3. Os serviços de origem extra-comunitária estão sujeitos à aplicação geral da lei portuguesa, ficando também sujeitos a este diploma em tudo o que não for justificado pela especificidade das relações intra-comunitárias.

### Artigo 6.º

### Exclusões

Estão fora do âmbito de aplicação dos artigos 4.º, n.º 1, e 5.º, n.º 1:

98  *Comércio Electrónico Contratos Electrónicos e Informáticos*

a) Apropriedade intelectual, incluindo a protecção das bases de dados e das topografias dos produtos semicondutores;
b) A emissão de moeda electrónica, por efeito de derrogação prevista no n.º 1 do artigo 8.º da Directiva n.º 2000/46/CE;
c) A publicidade realizada por um organismo de investimento colectivo em valores mobiliários, nos termos do n.º 2 do artigo 44.º da Directiva n.º 85/611/CEE;
d) A actividade seguradora, quanto a seguros obrigatórios, alcance e condições da autorização da entidade seguradora e empresas em dificuldades ou em situação irregular;
e) A matéria disciplinada por legislação escolhida pelas partes no uso da autonomia privada;
f) Os contratos celebrados com consumidores, no que respeita às obrigações deles emergentes;
g) A validade dos contratos em função da observância de requisitos legais de forma, em contratos relativos a direitos reais sobre imóveis;
h) A permissibilidade do envio de mensagens publicitárias não solicitadas por correio electrónico.

Artigo 7.º

**Providências restritivas**

1. Os tribunais e outras entidades competentes, nomeadamente as entidades de supervisão, podem restringir a circulação de um determinado serviço da sociedade da informação proveniente de outro Estado membro da União Europeia se lesar ou ameaçar gravemente:

a) A dignidade humana ou a ordem pública, incluindo a protecção de menores e a repressão do incitamento ao ódio fundado na raça, no sexo, na religião ou na nacionalidade, nomeadamente por razões de prevenção ou repressão de crimes ou de ilícitos de mera ordenação social;
b) A saúde pública;
c) A segurança pública, nomeadamente na vertente da segurança e defesa nacionais;
d) Os consumidores, incluindo os investidores.

2. As providências restritivas devem ser precedidas:

a) Da solicitação ao Estado membro de origem do prestador do serviço que ponha cobro à situação;

*VII – Legislação* 99

b) Caso este o não tenha feito, ou as providências que tome se revelem inadequadas, da notificação à Comissão e ao Estado membro de origem da intenção de tomar providências restritivas.

3. O disposto no número anterior não prejudica a realização de diligências judiciais, incluindo a instrução e demais actos praticados no âmbito de uma investigação criminal ou de um ilícito de mera ordenação social.

4. As providências tomadas devem ser proporcionais aos objectivos a tutelar.

ARTIGO 8.º

### Actuação em caso de urgência

Em caso de urgência, as entidades competentes podem tomar providências restritivas não precedidas das notificações à Comissão e aos outros Estados membros de origem previstas no artigo anterior.

ARTIGO 9.º

### Comunicação à entidade de supervisão central

1. As entidades competentes que desejem promover a solicitação ao Estado membro de origem que ponha cobro a uma situação violadora devem comunicá-lo à entidade de supervisão central, a fim de ser notificada ao Estado membro de origem.

2. As entidades competentes que tenham a intenção de tomar providências restritivas, ou as tomem efectivamente, devem comunicá-lo imediatamente à autoridade de supervisão central, a fim de serem logo notificadas à Comissão e aos Estados membros de origem.

3. Tratando-se de providências restritivas de urgência devem ser também indicadas as razões da urgência na sua adopção.

ARTIGO 10.º

### Disponibilização permanente de informações

1. Os prestadores de serviços devem disponibilizar permanentemente em linha, em condições que permitam um acesso fácil e directo, elementos completos de identificação que incluam, nomeadamente:

a) Nome ou denominação social;

100     *Comércio Electrónico Contratos Electrónicos e Informáticos*

b) Endereço geográfico em que se encontra estabelecido e endereço electrónico, em termos de permitir uma comunicação directa;
c) Inscrições do prestador em registos públicos e respectivos números de registo;
d) Número de identificação fiscal.

2. Se o prestador exercer uma actividade sujeita a um regime de autorização prévia, deve disponibilizar a informação relativa à entidade que a concedeu.

3. Se o prestador exercer uma profissão regulamentada deve também indicar o título profissional e o Estado membro em que foi concedido, a entidade profissional em que se encontra inscrito, bem como referenciar as regras profissionais que disciplinam o acesso e o exercício dessa profissão.

4. Se os serviços prestados implicarem custos para os destinatários além dos custos dos serviços de telecomunicações, incluindo ónus fiscais ou despesas de entrega, estes devem ser objecto de informação clara anterior à utilização dos serviços.

# CAPÍTULO III

## Responsabilidade dos prestadores de serviços em rede

### ARTIGO 11.º

### Princípio da equiparação

A responsabilidade dos prestadores de serviços em rede está sujeita ao regime comum, nomeadamente em caso de associação de conteúdos, com as especificações constantes dos artigos seguintes.

### ARTIGO 12.º

### Ausência de um dever geral de vigilância dos prestadores intermediários de serviços

Os prestadores intermediários de serviços em rede não estão sujeitos a uma obrigação geral de vigilância sobre as informações que transmitem ou armazenam ou de investigação de eventuais ilícitos praticados no seu âmbito.

## Artigo 13.º

### Deveres comuns dos prestadores intermediários dos serviços

Cabe aos prestadores intermediários de serviços a obrigação para com as entidades competentes:

a) De informar de imediato quando tiverem conhecimento de actividades ilícitas que se desenvolvam por via dos serviços que prestam;
b) De satisfazer os pedidos de identificar os destinatários dos serviços com quem tenham acordos de armazenagem;
c) De cumprir prontamente as determinações destinadas a prevenir ou pôr termo a uma infracção, nomeadamente no sentido de remover ou impossibilitar o acesso a uma informação;
d) De fornecer listas de titulares de sítios que alberguem, quando lhes for pedido.

## Artigo 14.º

### Simples transporte

1. O prestador intermediário de serviços que prossiga apenas a actividade de transmissão de informações em rede, ou de facultar o acesso a uma rede de comunicações, sem estar na origem da transmissão nem ter intervenção no conteúdo das mensagens transmitidas nem na selecção destas ou dos destinatários, é isento de toda a responsabilidade pelas informações transmitidas.

2. A irresponsabilidade mantém-se ainda que o prestador realize a armazenagem meramente tecnológica das informações no decurso do processo de transmissão, exclusivamente para as finalidades de transmissão e durante o tempo necessário para esta.

## Artigo 15.º

### Armazenagem intermediária

1. O prestador intermediário de serviços de transmissão de comunicações em rede que não tenha intervenção no conteúdo das mensagens transmitidas nem na selecção destas ou dos destinatários e respeite as condições de acesso à informação é isento de toda a responsabilidade pela armazenagem temporária e automática, exclusivamente para tornar mais eficaz e económica a transmissão posterior a nova solicitação de destinatários do serviço.

102    *Comércio Electrónico Contratos Electrónicos e Informáticos*

2. Passa, porém, a aplicar-se o regime comum de responsabilidade se o prestador não proceder segundo as regras usuais do sector:

a) Na actualização da informação;
b) No uso da tecnologia, aproveitando-a para obter dados sobre a utilização da informação.

3. As regras comuns passam também a ser aplicáveis se chegar ao conhecimento do prestador que a informação foi retirada da fonte originária ou o acesso tornado impossível ou ainda que um tribunal ou entidade administrativa com competência sobre o prestador que está na origem da informação ordenou essa remoção ou impossibilidade de acesso com exequibilidade imediata e o prestador não a retirar ou impossibilitar imediatamente o acesso.

## Artigo 16.º

### Armazenagem principal

1. O prestador intermediário do serviço de armazenagem em servidor só é responsável, nos termos comuns, pela informação que armazena se tiver conhecimento de actividade ou informação cuja ilicitude for manifesta e não retirar ou impossibilitar logo o acesso a essa informação.

2. Há responsabilidade civil sempre que, perante as circunstâncias que conhece, o prestador do serviço tenha ou deva ter consciência do carácter ilícito da informação.

3. Aplicam-se as regras comuns de responsabilidade sempre que o destinatário do serviço actuar subordinado ao prestador ou for por ele controlado.

## Artigo 17.º

### Responsabilidade dos prestadores intermediários de serviços de associação de conteúdos

Os prestadores intermediários de serviços de associação de conteúdos em rede, por meio de instrumentos de busca, hiperconexões ou processos análogos que permitam o acesso a conteúdos ilícitos estão sujeitos a regime de responsabilidade correspondente ao estabelecido no artigo anterior.

## Artigo 18.º

### Solução provisória de litígios

1. Nos casos contemplados nos artigos 16.º e 17.º, o prestador intermediário de serviços, se a ilicitude não for manifesta, não é obrigado a remover o conteúdo contestado ou a impossibilitar o acesso à informação só pelo facto de um interessado arguir uma violação.

2. Nos casos previstos no número anterior, qualquer interessado pode recorrer à entidade de supervisão respectiva, que deve dar uma solução provisória em quarenta e oito horas e logo a comunica electronicamente aos intervenientes.

3. Quem tiver interesse jurídico na manutenção daquele conteúdo em linha pode nos mesmos termos recorrer à entidade de supervisão contra uma decisão do prestador de remover ou impossibilitar o acesso a esse conteúdo, para obter a solução provisória do litígio.

4. O procedimento perante a entidade de supervisão será especialmente regulamentado.

5. A entidade de supervisão pode a qualquer tempo alterar a composição provisória do litígio estabelecida.

6. Qualquer que venha a ser a decisão, nenhuma responsabilidade recai sobre a entidade de supervisão e tão-pouco recai sobre o prestador intermediário de serviços por ter ou não retirado o conteúdo ou impossibilitado o acesso a mera solicitação, quando não for manifesto se há ou não ilicitude.

7. A solução definitiva do litígio é realizada nos termos e pelas vias comuns.

8. O recurso a estes meios não prejudica a utilização pelos interessados, mesmo simultânea, dos meios judiciais comuns.

## Artigo 19.º

### Relação com o direito à informação

1. A associação de conteúdos não é considerada irregular unicamente por haver conteúdos ilícitos no sítio de destino, ainda que o prestador tenha consciência do facto.

2. A remissão é lícita se for realizada com objectividade e distanciamento, representando o exercício do direito à informação, sendo, pelo contrário, ilícita se representar uma maneira de tomar como próprio o conteúdo ilícito para que se remete.

104  *Comércio Electrónico Contratos Electrónicos e Informáticos*

3. A avaliação é realizada perante as circunstâncias do caso, nomeadamente:

a) A confusão eventual dos conteúdos do sítio de origem com os de destino;
b) O carácter automatizado ou intencional da remissão;
c) A área do sítio de destino para onde a remissão é efectuada.

## CAPÍTULO IV

### Comunicações publicitárias em rede e marketing directo

ARTIGO 20.º

### Âmbito

1. Não constituem comunicação publicitária em rede:

a) Mensagens que se limitem a identificar ou permitir o acesso a um operador económico ou identifiquem objectivamente bens, serviços ou a imagem de um operador, em colectâneas ou listas, particularmente quando não tiverem implicações financeiras, embora se integrem em serviços da sociedade da informação;
b) Mensagens destinadas a promover ideias, princípios, iniciativas ou instituições.

2. A comunicação publicitária pode ter somente por fim promover a imagem de um operador comercial, industrial, artesanal ou integrante de uma profissão regulamentada.

ARTIGO 21.º

### Identificação e informação

Nas comunicações publicitárias prestadas à distância, por via electrónica, devem ser claramente identificados de modo a serem apreendidos com facilidade por um destinatário comum:

a) A natureza publicitária, logo que a mensagem seja apresentada no terminal e de forma ostensiva;
b) O anunciante;
c) As ofertas promocionais, como descontos, prémios ou brindes, e os concursos ou jogos promocionais, bem como os condicionalismos a que ficam submetidos.

## Artigo 22.º
### Comunicações não solicitadas

1. O envio de mensagens para fins de marketing directo, cuja recepção seja independente de intervenção do destinatário, nomeadamente por via de aparelhos de chamada automática, aparelhos de telecópia ou por correio electrónico, carece de consentimento prévio do destinatário.

2. Exceptuam-se as mensagens enviadas a pessoas colectivas, ficando, no entanto, aberto aos destinatários o recurso ao sistema de opção negativa.

3. É também permitido ao fornecedor de um produto ou serviço, no que respeita aos mesmos ou a produtos ou serviços análogos, enviar publicidade não solicitada aos clientes com quem celebrou anteriormente transacções, se ao cliente tiver sido explicitamente oferecida a possibilidade de o recusar por ocasião da transacção realizada e se não implicar para o destinatário dispêndio adicional ao custo do serviço de telecomunicações.

4. Nos casos previstos nos números anteriores, o destinatário deve ter acesso a meios que lhe permitam a qualquer momento recusar, sem ónus e independentemente de justa causa, o envio dessa publicidade para futuro.

5. É proibido o envio de correio electrónico para fins de marketing directo, ocultando ou dissimulando a identidade da pessoa em nome de quem é efectuada a comunicação.

6. Cada comunicação não solicitada deve indicar um endereço e um meio técnico electrónico, de fácil identificação e utilização, que permita ao destinatário do serviço recusar futuras comunicações.

7. Às entidades que promovam o envio de comunicações publicitárias não solicitadas cuja recepção seja independente da intervenção do destinatário cabe manter, por si ou por organismos que as representem, uma lista actualizada de pessoas que manifestaram o desejo de não receber aquele tipo de comunicações.

8. É proibido o envio de comunicações publicitárias por via electrónica às pessoas constantes das listas prescritas no número anterior.

## Artigo 23.º
### Profissões regulamentadas

1. As comunicações publicitárias à distância por via electrónica em profissões regulamentadas são permitidas mediante o estrito cumprimento das regras deontológicas de cada profissão, nomeadamente as relativas à independência e honra e ao sigilo profissionais, bem como à lealdade para com o público e dos membros da profissão entre si.

# Comércio Electrónico Contratos Electrónicos e Informáticos

2. «Profissão regulamentada» é entendido no sentido constante dos diplomas relativos ao reconhecimento, na União Europeia, de formações profissionais.

## CAPÍTULO V

### Contratação electrónica

ARTIGO 24.º

### Âmbito

As disposições deste capítulo são aplicáveis a todo o tipo de contratos celebrados por via electrónica ou informática, sejam ou não qualificáveis como comerciais.

ARTIGO 25.º

### Liberdade de celebração

1. É livre a celebração de contratos por via electrónica, sem que a validade ou eficácia destes seja prejudicada pela utilização deste meio.

2. São excluídos do princípio da admissibilidade os negócios jurídicos:

a) Familiares e sucessórios;

b) Que exijam a intervenção de tribunais, entes públicos ou outros entes que exerçam poderes públicos, nomeadamente quando aquela intervenção condicione a produção de efeitos em relação a terceiros e ainda os negócios legalmente sujeitos a reconhecimento ou autenticação notariais;

c) Reais imobiliários, com excepção do arrendamento;

d) De caução e de garantia, quando não se integrarem na actividade profissional de quem as presta.

3. Só tem de aceitar a via electrónica para a celebração de um contrato quem se tiver vinculado a proceder dessa forma.

4. São proibidas cláusulas contratuais gerais que imponham a celebração por via electrónica dos contratos com consumidores.

## Artigo 26.º

### Forma

1. As declarações emitidas por via electrónica satisfazem a exigência legal de forma escrita quando contidas em suporte que ofereça as mesmas garantias de fidedignidade, inteligibilidade e conservação.

2. O documento electrónico vale como documento assinado quando satisfizer os requisitos da legislação sobre assinatura electrónica e certificação.

## Artigo 27.º

### Dispositivos de identificação e correcção de erros

O prestador de serviços em rede que celebre contratos por via electrónica deve disponibilizar aos destinatários dos serviços, salvo acordo em contrário das partes que não sejam consumidores, meios técnicos eficazes que lhes permitam identificar e corrigir erros de introdução, antes de formular uma ordem de encomenda.

## Artigo 28.º

### Informações prévias

1. O prestador de serviços em rede que celebre contratos em linha deve facultar aos destinatários, antes de ser dada a ordem de encomenda, informação mínima inequívoca que inclua:

a) O processo de celebração do contrato;
b) O arquivamento ou não do contrato pelo prestador de serviço e a acessibilidade àquele pelo destinatário;
c) A língua ou línguas em que o contrato pode ser celebrado;
d) Os meios técnicos que o prestador disponibiliza para poderem ser identificados e corrigidos erros de introdução que possam estar contidos na ordem de encomenda;
e) Os termos contratuais e as cláusulas gerais do contrato a celebrar;
f) Os códigos de conduta de que seja subscritor e a forma de os consultar electronicamente.

2. O disposto no número anterior é derrogável por acordo em contrário das partes que não sejam consumidores.

# Comércio Electrónico Contratos Electrónicos e Informáticos

### ARTIGO 29.º
## Ordem de encomenda e aviso de recepção

1. Logo que receba uma ordem de encomenda por via exclusivamente electrónica, o prestador de serviços deve acusar a recepção igualmente por meios electrónicos, salvo acordo em contrário com a parte que não seja consumidora.

2. É dispensado o aviso de recepção da encomenda nos casos em que há a imediata prestação em linha do produto ou serviço.

3. O aviso de recepção deve conter a identificação fundamental do contrato a que se refere.

4. O prestador satisfaz o dever de acusar a recepção se enviar a comunicação para o endereço electrónico que foi indicado ou utilizado pelo destinatário do serviço.

5. A encomenda torna-se definitiva com a confirmação do destinatário, dada na sequência do aviso de recepção, reiterando a ordem emitida.

### ARTIGO 30.º
## Contratos celebrados por meio de comunicação individual

Os artigos 27.º a 29.º não são aplicáveis aos contratos celebrados exclusivamente por correio electrónico ou outro meio de comunicação individual equivalente.

### ARTIGO 31.º
## Apresentação dos termos contratuais e cláusulas gerais

1. Os termos contratuais e as cláusulas gerais, bem como o aviso de recepção, devem ser sempre comunicados de maneira que permita ao destinatário armazená-los e reproduzi-los.

2. A ordem de encomenda, o aviso de recepção e a confirmação da encomenda consideram-se recebidos logo que os destinatários têm a possibilidade de aceder a eles.

### ARTIGO 32.º
## Proposta contratual e convite a contratar

1. A oferta de produtos ou serviços em linha representa uma proposta contratual quando contiver todos os elementos necessários para que o contrato fique concluído com a simples aceitação do destinatário, representando, caso contrário, um convite a contratar.

## VII – Legislação

2. O mero aviso de recepção da ordem de encomenda não tem significado para a determinação do momento da conclusão do contrato.

### Artigo 33.º
### Contratação sem intervenção humana

1. À contratação celebrada exclusivamente por meio de computadores, sem intervenção humana, é aplicável o regime comum, salvo quando este pressupuser uma actuação.

2. São aplicáveis as disposições sobre erro:

a) Na formação da vontade, se houver erro de programação;
b) Na declaração, se houver defeito de funcionamento da máquina;
c) Na transmissão, se a mensagem chegar deformada ao seu destino.

3. A outra parte não pode opor-se à impugnação por erro sempre que lhe fosse exigível que dele se apercebesse, nomeadamente pelo uso de dispositivos de detecção de erros de introdução.

### Artigo 34.º
### Solução de litígios por via electrónica

É permitido o funcionamento em rede de formas de solução extra-judicial de litígios entre prestadores e destinatários de serviços da sociedade da informação, com observância das disposições concernentes à validade e eficácia dos documentos referidas no presente capítulo.

# CAPÍTULO VI
## Entidades de supervisão e regime sancionatório

### Artigo 35.º
### Entidade de supervisão central

1. É instituída uma entidade de supervisão central com atribuições em todos os domínios regulados pelo presente diploma, salvo nas matérias em que lei especial atribua competência sectorial a outra entidade.

2. As funções de entidade de supervisão central serão exercidas pela ICP – Autoridade Nacional de Comunicações (ICP-ANACOM).

# Artigo 36.º

## Atribuições e competência

1. As entidades de supervisão funcionam como organismos de referência para os contactos que se estabeleçam no seu domínio, fornecendo, quando requeridas, informações aos destinatários, aos prestadores de serviços e ao público em geral.

2. Cabe às entidades de supervisão, além das atribuições gerais já assinaladas e das que lhes forem especificamente atribuídas:

   a) Adoptar as providências restritivas previstas nos artigos 7.º e 8.º;
   b) Elaborar regulamentos e dar instruções sobre práticas a ser seguidas para cumprimento do disposto no presente diploma;
   c) Fiscalizar o cumprimento do preceituado sobre o comércio electrónico;
   d) Instaurar e instruir processos contra-ordenacionais e, bem assim, aplicar as sanções previstas;
   e) Determinar a suspensão da actividade dos prestadores de serviços em face de graves irregularidades e por razões de urgência.

3. A entidade de supervisão central tem competência em todas as matérias que a lei atribua a um órgão administrativo sem mais especificação e nas que lhe forem particularmente cometidas.

4. Cabe designadamente à entidade de supervisão central, além das atribuições gerais já assinaladas, quando não couberem a outro órgão:

   a) Publicitar em rede os códigos de conduta mais significativos de que tenha conhecimento;
   b) Publicitar outras informações, nomeadamente decisões judiciais neste domínio;
   c) Promover as comunicações à Comissão Europeia e ao Estado membro de origem previstas no artigo 9.º;
   d) Em geral, desempenhar a função de entidade permanente de contacto com os outros Estados membros e com a Comissão Europeia, sem prejuízo das competências que forem atribuídas a entidades sectoriais de supervisão.

# Artigo 37.º

## Contra-ordenação

1. Constitui contra-ordenação sancionável com coima de € 2500 a € 50 000 a prática dos seguintes actos pelos prestadores de serviços:

a) A não disponibilização ou a prestação de informação aos destinatários regulada nos artigos 10.º, 13.º, 21.º, 22.º, n.º 6, e 28.º, n.º 1, do presente diploma;
b) O envio de comunicações não solicitadas, com inobservância dos requisitos legais previstos no artigo 22.º;
c) A não disponibilização aos destinatários, quando devido, de dispositivos de identificação e correcção de erros de introdução, tal como previsto no artigo 27.º;
d) A omissão de pronto envio do aviso de recepção da ordem de encomenda previsto no artigo 29.º;
e) A não comunicação dos termos contratuais, cláusulas gerais e avisos de recepção previstos no artigo 31.º, de modo que permita aos destinatários armazená-los e reproduzi-los;
f) A não prestação de informações solicitadas pela entidade de supervisão.

2. Constitui contra-ordenação sancionável com coima de € 5000 a € 100 000 a prática dos seguintes actos pelos prestadores de serviços:

a) A desobediência a determinação da entidade de supervisão ou de outra entidade competente de identificar os destinatários dos serviços com quem tenham acordos de transmissão ou de armazenagem, tal como previsto na alínea b) do artigo 13.º;
b) O não cumprimento de determinação do tribunal ou da autoridade competente de prevenir ou pôr termo a uma infracção nos termos da alínea c) do artigo 13.º;
c) A omissão de informação à autoridade competente sobre actividades ilícitas de que tenham conhecimento, praticadas por via dos serviços que prestam, tal como previsto na alínea a) do artigo 13.º;
d) A não remoção ou impedimento do acesso a informação que armazenem e cuja ilicitude manifesta seja do seu conhecimento, tal como previsto nos artigos 16.º e 17.º;
e) A não remoção ou impedimento do acesso a informação que armazenem, se, nos termos do artigo 15.º, n.º 3, tiverem conhecimento que foi retirada da fonte, ou o acesso tornado impossível, ou ainda que um tribunal ou autoridade administrativa da origem ordenou essa remoção ou impossibilidade de acesso para ter exequibilidade imediata;
f) A prática com reincidência das infracções previstas no n.º 1.

112     *Comércio Electrónico Contratos Electrónicos e Informáticos*

3. Constitui contra-ordenação sancionável com coima de € 2500 a € 100 000 a prestação de serviços de associação de conteúdos, nas condições da alínea e) do n.º 2, quando os prestadores de serviços não impossibilitem a localização ou o acesso a informação ilícita.

4. A negligência é sancionável nos limites da coima aplicável às infracções previstas no n.º 1.

5. A prática da infracção por pessoa colectiva agrava em um terço os limites máximo e mínimo da coima.

Artigo 38.º

**Sanções acessórias**

1. Às contra-ordenações acima previstas pode ser aplicada a sanção acessória de perda a favor do Estado dos bens usados para a prática das infracções.

2. Em função da gravidade da infracção, da culpa do agente ou da prática reincidente das infracções, pode ser aplicada, simultaneamente com as coimas previstas no n.º 2 do artigo anterior, a sanção acessória de interdição do exercício da actividade pelo período máximo de seis anos e, tratando-se de pessoas singulares, da inibição do exercício de cargos sociais em empresas prestadoras de serviços da sociedade da informação durante o mesmo período.

3. A aplicação de medidas acessórias de interdição do exercício da actividade e, tratando-se de pessoas singulares, da inibição do exercício de cargos sociais em empresas prestadoras de serviços da sociedade da informação por prazo superior a dois anos será obrigatoriamente decidida judicialmente por iniciativa oficiosa da própria entidade de supervisão.

4. Pode dar-se adequada publicidade à punição por contra-ordenação, bem como às sanções acessórias aplicadas nos termos do presente diploma.

Artigo 39.º

**Providências provisórias**

1. A entidade de supervisão a quem caiba a aplicação da coima pode determinar, desde que se revelem imediatamente necessárias, as seguintes providências provisórias:

a) A suspensão da actividade e o encerramento do estabelecimento que é suporte daqueles serviços da sociedade da informação, enquanto decorre o procedimento e até à decisão definitiva;

*VII – Legislação*

b) A apreensão de bens que sejam veículo da prática da infracção.

2. Estas providências podem ser determinadas, modificadas ou levantadas em qualquer momento pela própria entidade de supervisão, por sua iniciativa ou a requerimento dos interessados e a sua legalidade pode ser impugnada em juízo.

ARTIGO 40.º

**Destino das coimas**

O montante das coimas cobradas reverte para o Estado e para a entidade que as aplicou na proporção de 60% e 40%, respectivamente.

ARTIGO 41.º

**Regras aplicáveis**

1. O regime sancionatório estabelecido não prejudica os regimes sancionatórios especiais vigentes.

2. A entidade competente para a instauração, instrução e aplicação das sanções é a entidade de supervisão central ou as sectoriais, consoante a natureza das matérias.

3. É aplicável subsidiariamente o regime geral das contra-ordenações.

**CAPÍTULO VII**

**Disposições finais**

ARTIGO 42.º

**Códigos de conduta**

1. As entidades de supervisão estimularão a criação de códigos de conduta pelos interessados e sua difusão por estes por via electrónica.

2. Será incentivada a participação das associações e organismos que têm a seu cargo os interesses dos consumidores na formulação e aplicação de códigos de conduta, sempre que estiverem em causa os interesses destes. Quando houver que considerar necessidades específicas de associações representativas de deficientes visuais ou outros, estas deverão ser consultadas.

3. Os códigos de conduta devem ser publicitados em rede pelas próprias entidades de supervisão.

### Artigo 43.º

### Impugnação

As entidades de supervisão e o Ministério Público têm legitimidade para impugnar em juízo os códigos de conduta aprovados em domínio abrangido por este diploma que extravasem das finalidades da entidade que os emitiu ou tenham conteúdo contrário a princípios gerais ou regras vigentes.

Visto e aprovado em Conselho de Ministros de 31 de Outubro de 2003.

José Manuel Durão Barroso
Maria Manuela Dias Ferreira Leite
Maria Teresa Pinto Basto Gouveia
Maria Celeste Ferreira Lopes Cardona
José Luís Fazenda Arnaut Duarte
Carlos Manuel Tavares da Silva
Maria da Graça Martins da Silva Carvalho.

Promulgado em 19 de Dezembro de 2003.

Publique-se.

O Presidente da República, Jorge Sampaio.

Referendado em 23 de Dezembro de 2003.

O Primeiro-Ministro, *José Manuel Durão Barroso.*

**Decreto-Lei N.º 290-D/99 de 2 de Agosto**

*(com as alterações introduzidas pelo Decreto-Lei N.º 62/2003, de 3 de Abril e Decreto-Lei N.º 165/2004 de 6 de Julho)*

# CAPÍTULO I
## Documentos e actos jurídicos electrónicos

### Artigo 1.º
### Objecto

O presente diploma regula a validade, eficácia e valor probatório dos documentos electrónicos, a assinatura electrónica e a actividade de certificação de entidades certificadoras estabelecidas em Portugal.

### Artigo 2.º
### Definições

Para os fins do presente diploma, entende-se por:

a) Documento electrónico: documento elaborado mediante processamento electrónico de dados;

b) Assinatura electrónica: resultado de um processamento electrónico de dados susceptível de constituir objecto de direito individual e exclusivo e de ser utilizado para dar a conhecer a autoria de um documento electrónico;

c) Assinatura electrónica avançada: assinatura electrónica que preenche os seguintes requisitos:
  i) Identifica de forma unívoca o titular como autor do documento;
  ii) A sua aposição ao documento depende apenas da vontade do titular;
  iii) É criada com meios que o titular pode manter sob seu controlo exclusivo;

116     *Comércio Electrónico Contratos Electrónicos e Informáticos*

iv) A sua conexão com o documento permite detectar toda e qualquer alteração superveniente do conteúdo deste;

d) Assinatura digital: modalidade de assinatura electrónica avançada baseada em sistema criptográfico assimétrico composto de um algoritmo ou série de algoritmos, mediante o qual é gerado um par de chaves assimétricas exclusivas e interdependentes, uma das quais privada e outra pública, e que permite ao titular usar a chave privada para declarar a autoria do documento electrónico ao qual a assinatura é aposta e concordância com o seu conteúdo e ao destinatário usar a chave pública para verificar se a assinatura foi criada mediante o uso da correspondente chave privada e se o documento electrónico foi alterado depois de aposta a assinatura;

e) Chave privada: elemento do par de chaves assimétricas destinado a ser conhecido apenas pelo seu titular, mediante o qual se apõe a assinatura digital no documento electrónico, ou se decifra um documento electrónico previamente cifrado com a correspondente chave pública;

f) Chave pública: elemento do par de chaves assimétricas destinado a ser divulgado, com o qual se verifica a assinatura digital aposta no documento electrónico pelo titular do par de chaves assimétricas, ou se cifra um documento electrónico a transmitir ao titular do mesmo par de chaves;

g) Assinatura electrónica qualificada: assinatura digital ou outra modalidade de assinatura electrónica avançada que satisfaça exigências de segurança idênticas às da assinatura digital baseadas num certificado qualificado e criadas através de um dispositivo seguro de criação de assinatura;

h) Dados de criação de assinatura: conjunto único de dados, como chaves privadas, utilizado pelo titular para a criação de uma assinatura electrónica;

i) Dispositivo de criação de assinatura: suporte lógico ou dispositivo de equipamento utilizado para possibilitar o tratamento dos dados de criação de assinatura;

j) Dispositivo seguro de criação de assinatura: dispositivo de criação de assinatura que assegure, através de meios técnicos e processuais adequados, que:

i) Os dados necessários à criação de uma assinatura utilizados na geração de uma assinatura só possam ocorrer uma única vez e que a confidencialidade desses dados se encontre assegurada;

*VII – Legislação* 117

ii) Os dados necessários à criação de uma assinatura utilizados na geração de uma assinatura não possam, com um grau razoável de segurança, ser deduzidos de outros dados e que a assinatura esteja protegida contra falsificações realizadas através das tecnologias disponíveis;

iii) Os dados necessários à criação de uma assinatura utilizados na geração de uma assinatura possam ser eficazmente protegidos pelo titular contra a utilização ilegítima por terceiros;

iv) Os dados que careçam de assinatura não sejam modificados e possam ser apresentados ao titular antes do processo de assinatura;

l) Dados de verificação de assinatura: conjunto de dados, como chaves públicas, utilizado para verificar uma assinatura electrónica;

m) Credenciação: acto pelo qual é reconhecido a uma entidade que o solicite e que exerça a actividade de entidade certificadora o preenchimento dos requisitos definidos no presente diploma para os efeitos nele previstos;

n) Autoridade credenciadora: entidade competente para a credenciação e fiscalização das entidades certificadoras;

o) Entidade certificadora: entidade ou pessoa singular ou colectiva que cria ou fornece meios para a criação e verificação das assinaturas, emite os certificados, assegura a respectiva publicidade e presta outros serviços relativos a assinaturas electrónicas;

p) Certificado: documento electrónico que liga os dados de verificação de assinatura ao seu titular e confirma a identidade desse titular;

q) Certificado qualificado: certificado que contém os elementos referidos no artigo 29.º e é emitido por entidade certificadora que reúne os requisitos definidos no artigo 24.º;

r) Titular: pessoa singular ou colectiva identificada num certificado como a detentora de um dispositivo de criação de assinatura;

s) Produto de assinatura electrónica: suporte lógico, dispositivo de equipamento ou seus componentes específicos, destinados a ser utilizados na prestação de serviços de assinatura electrónica qualificada por uma entidade certificadora ou na criação e verificação de assinatura electrónica qualificada;

t) Organismo de certificação: entidade pública ou privada competente para a avaliação e certificação da conformidade dos processos, sistemas e produtos de assinatura electrónica com os requisitos a que se refere a alínea c) do n.º 1 do artigo 12.º;

118   *Comércio Electrónico Contratos Electrónicos e Informáticos*

u) Validação cronológica: declaração de entidade certificadora que atesta a data e hora da criação, expedição ou recepção de um documento electrónico;

v) Endereço electrónico: identificação de um equipamento informático adequado para receber e arquivar documentos electrónicos.

ARTIGO 3.º

**Forma e força probatória**

1 – O documento electrónico satisfaz o requisito legal de forma escrita quando o seu conteúdo seja susceptível de representação como declaração escrita.

2 – Quando lhe seja aposta uma assinatura electrónica qualificada certificada por uma entidade certificadora credenciada, o documento electrónico com o conteúdo referido no número anterior tem a força probatória de documento particular assinado, nos termos do artigo 376.º do Código Civil.

3 – Quando lhe seja aposta uma assinatura electrónica qualificada certificada por uma entidade certificadora credenciada, o documento electrónico cujo conteúdo não seja susceptível de representação como declaração escrita tem a força probatória prevista no artigo 368.º do Código Civil e no artigo 167.º do Código de Processo Penal.

4 – O disposto nos números anteriores não obsta à utilização de outro meio de comprovação da autoria e integridade de documentos electrónicos, incluindo outras modalidades de assinatura electrónica, desde que tal meio seja adoptado pelas partes ao abrigo de válida convenção sobre prova ou seja aceite pela pessoa a quem for oposto o documento.

5 – Sem prejuízo do disposto no número anterior, o valor probatório dos documentos electrónicos aos quais não seja aposta uma assinatura electrónica qualificada certificada por entidade certificadora credenciada é apreciado nos termos gerais de direito.

ARTIGO 4.º

**Cópias de documentos**

As cópias de documentos electrónicos, sobre idêntico ou diferente tipo de suporte, são válidas e eficazes nos termos gerais de direito e têm a força probatória atribuída às cópias fotográficas pelo n.º 2 do artigo 387.º do Código Civil e pelo artigo 168.º do Código de Processo Penal, se forem observados os requisitos aí previstos.

*VII – Legislação*

## Artigo 5.º

### Documentos electrónicos dos organismos públicos

1 – Os organismos públicos podem emitir documentos electrónicos com assinatura electrónica qualificada aposta em conformidade com as normas do presente diploma.

2 – Nas operações relativas à criação, emissão, arquivo, reprodução, cópia e transmissão de documentos electrónicos que formalizem actos administrativos através de sistemas informáticos, incluindo a sua transmissão por meios de telecomunicações, os dados relativos ao organismo interessado e à pessoa que tenha praticado cada acto administrativo devem ser indicados de forma a torná-los facilmente identificáveis e a comprovar a função ou cargo desempenhado pela pessoa signatária de cada documento.

## Artigo 6.º

### Comunicação de documentos electrónicos

1 – O documento electrónico comunicado por um meio de telecomunicações considera-se enviado e recebido pelo destinatário se for transmitido para o endereço electrónico definido por acordo das partes e neste for recebido.

2 – São oponíveis entre as partes e a terceiros a data e a hora da criação, da expedição ou da recepção de um documento electrónico que contenha uma validação cronológica emitida por uma entidade certificadora.

3 – A comunicação do documento electrónico, ao qual seja aposta assinatura electrónica qualificada, por meio de telecomunicações que assegure a efectiva recepção equivale à remessa por via postal registada e, se a recepção for comprovada por mensagem de confirmação dirigida ao remetente pelo destinatário que revista idêntica forma, equivale à remessa por via postal registada com aviso de recepção.

4 – Os dados e documentos comunicados por meio de telecomunicações consideram-se em poder do remetente até à recepção pelo destinatário.

5 – Os operadores que assegurem a comunicação de documentos electrónicos por meio de telecomunicações não podem tomar conhecimento do seu conteúdo, nem duplicá-los por qualquer meio ou ceder a terceiros qualquer informação, ainda que resumida ou por extracto, sobre a existência ou sobre o conteúdo desses documentos, salvo quando se trate de informação que, pela sua natureza ou por indicação expressa do seu remetente, se destine a ser tornada pública.

# CAPÍTULO II

## Assinaturas electrónicas qualificadas

### Artigo 7.º

### Assinatura electrónica qualificada

1 – A aposição de uma assinatura electrónica qualificada a um documento electrónico equivale à assinatura autógrafa dos documentos com forma escrita sobre suporte de papel e cria a presunção de que:

a) A pessoa que apôs a assinatura electrónica qualificada é o titular desta ou é representante, com poderes bastantes, da pessoa colectiva titular da assinatura electrónica qualificada;

b) A assinatura electrónica qualificada foi aposta com a intenção de assinar o documento electrónico;

c) O documento electrónico não sofreu alteração desde que lhe foi aposta a assinatura electrónica qualificada.

2 – A assinatura electrónica qualificada deve referir-se inequivocamente a uma só pessoa singular ou colectiva e ao documento ao qual é aposta.

3 – A aposição de assinatura electrónica qualificada substitui, para todos os efeitos legais, a aposição de selos, carimbos, marcas ou outros sinais identificadores do seu titular.

4 – A aposição de assinatura electrónica qualificada que conste de certificado que esteja revogado, caduco ou suspenso na data da aposição ou não respeite as condições dele constantes equivale à falta de assinatura.

### Artigo 8.º

### Obtenção dos dados de assinatura e certificado

Quem pretenda utilizar uma assinatura electrónica qualificada deve, nos termos do n.º 1 do artigo 28.º, gerar ou obter os dados de criação e verificação de assinatura, bem como obter o respectivo certificado emitido por entidade certificadora nos termos deste diploma.

# CAPÍTULO III

## Certificação

### SECÇÃO I

#### Acesso à actividade de certificação

ARTIGO 9.º

**Livre acesso à actividade de certificação**

1 – É livre o exercício da actividade de entidade certificadora, sendo facultativa a solicitação da credenciação regulada nos artigos 11.º e seguintes.

2 – Sem prejuízo do disposto no número anterior, as entidades certificadoras que emitam certificados qualificados devem proceder ao seu registo junto da autoridade credenciadora, nos termos a fixar por portaria do Ministro da Justiça.

3 – A credenciação e o registo estão sujeitos ao pagamento de taxas em função dos custos associados às tarefas administrativas, técnicas, operacionais e de fiscalização correspondentes, nos termos a fixar por despacho conjunto dos Ministros da Justiça e das Finanças, que constituem receita da autoridade credenciadora.

ARTIGO 10.º

**Livre escolha da entidade certificadora**

1 – É livre a escolha da entidade certificadora.

2 – A escolha de entidade determinada não pode constituir condição de oferta ou de celebração de qualquer negócio jurídico.

ARTIGO 11.º

**Entidade competente para a credenciação**

A credenciação de entidades certificadoras para efeitos do presente diploma compete à autoridade credenciadora.

## Artigo 12.º

### Credenciação da entidade certificadora

1 – É concedida a credenciação a entidades certificadoras de assinaturas electrónicas qualificadas, mediante pedido apresentado à autoridade credenciadora, que satisfaçam os seguintes requisitos:

a) Estejam dotadas de capital e meios financeiros adequados;
b) Dêem garantias de absoluta integridade e independência no exercício da actividade de certificação e assinaturas electrónicas qualificadas;
c) Disponham de recursos técnicos e humanos que satisfaçam os padrões de segurança e de eficácia que sejam previstos na regulamentação a que se refere o artigo 39.º;
d) Mantenham contrato de seguro válido para cobertura adequada da responsabilidade civil emergente da actividade de certificação.

2 – A credenciação é válida pelo período de três anos, podendo ser objecto de renovação por períodos de igual duração.

## Artigo 13.º

### Pedido de credenciação

1 – O pedido de credenciação de entidade certificadora deve ser instruído com os seguintes documentos:

a) Estatutos da pessoa colectiva e, tratando-se de sociedade, contrato de sociedade ou, tratando-se de pessoa singular, a respectiva identificação e domicílio;
b) Tratando-se de sociedade, relação de todos os sócios, com especificação das respectivas participações, bem como dos membros dos órgãos de administração e de fiscalização, e, tratando-se de sociedade anónima, relação de todos os accionistas com participações significativas, directas ou indirectas;
c) Declarações subscritas por todas as pessoas singulares e colectivas referidas no n.º 1 do artigo 15.º de que não se encontram em nenhuma das situações indiciadoras de inidoneidade referidas no respectivo n.º 2;
d) Prova do substrato patrimonial e dos meios financeiros disponíveis, e designadamente, tratando-se de sociedade, da realização integral do capital social;

*VII – Legislação*

e) Descrição da organização interna e plano de segurança;
f) Demonstração dos meios técnicos e humanos exigidos nos termos do diploma regulamentar a que se refere a alínea c) do n.º 1 do artigo 12.º, incluindo certificados de conformidade dos produtos de assinatura electrónica emitidos por organismo reconhecido de certificação acreditado nos termos previstos no artigo 37.º;
g) Designação do auditor de segurança;
h) Programa geral da actividade prevista para os primeiros três anos;
i) Descrição geral das actividades exercidas nos últimos três anos ou no tempo decorrido desde a constituição, se for inferior, e balanço e contas dos exercícios correspondentes;
j) Comprovação de contrato de seguro válido para cobertura adequada da responsabilidade civil emergente da actividade de certificação.

2 – Se à data do pedido a pessoa colectiva não estiver constituída, o pedido será instruído, em substituição do previsto na alínea a) do número anterior, com os seguintes documentos:

a) Acta da reunião em que foi deliberada a constituição;
b) Projecto de estatutos ou contrato de sociedade;
c) Declaração de compromisso, subscrita por todos os fundadores, de que no acto de constituição, e como condição dela, estará integralmente realizado o substrato patrimonial exigido por lei.

3 – As declarações previstas na alínea c) do n.º 1, poderão ser entregues em momento posterior ao pedido, nos termos e prazo que a autoridade credenciadora fixar.

4 – Consideram-se como participações significativas, para os efeitos do presente diploma, as que igualem ou excedam 10% do capital da sociedade anónima.

5 – O pedido de renovação de credenciação deve ser instruído com os seguintes documentos:

a) Programa geral da actividade prevista para os próximos três anos;
b) Descrição geral das actividades exercidas nos últimos três anos, e balanço e contas dos exercícios correspondentes;
c) Declaração que todos os elementos referidos no n.º 1 deste artigo e nos n.os 2 e 3 do artigo 32.º não sofreram alteração desde a sua apresentação à autoridade credenciadora.

## Artigo 14.º

### Requisitos patrimoniais

1 – As entidades certificadoras privadas, que sejam pessoas colectivas, devem estar dotadas de capital social no valor mínimo de (euro) 200000 ou, não sendo sociedades, do substrato patrimonial equivalente.

2 – O substrato patrimonial, e designadamente o capital social mínimo de sociedade, encontrar-se-á sempre integralmente realizado à data da credenciação, se a pessoa colectiva estiver já constituída, ou será sempre integralmente realizado com a constituição da pessoa colectiva, se esta ocorrer posteriormente.

3 – As entidades certificadoras que sejam pessoas singulares devem ter e manter durante toda a sua actividade um património, livre de quaisquer ónus, de valor equivalente ao previsto no n.º 1.

## Artigo 15.º

### Requisitos de idoneidade

1 – A pessoa singular e, no caso de pessoa colectiva, os membros dos órgãos de administração e fiscalização, os empregados, comitidos e representantes das entidades certificadoras com acesso aos actos e instrumentos de certificação, os sócios da sociedade e, tratando-se de sociedade anónima, os accionistas com participações significativas serão sempre pessoas de reconhecida idoneidade.

2 – Entre outras circunstâncias atendíveis, considera-se indiciador de falta de idoneidade o facto de a pessoa ter sido:

a) Condenada, no País ou no estrangeiro, por crime de furto, roubo, burla, burla informática e nas comunicações, extorsão, abuso de confiança, infidelidade, falsificação, falsas declarações, insolvência dolosa, insolvência negligente, favorecimento de credores, emissão de cheques sem provisão, abuso de cartão de garantia ou de crédito, apropriação ilegítima de bens do sector público ou cooperativo, administração danosa em unidade económica do sector público ou cooperativo, usura, suborno, corrupção, recepção não autorizada de depósitos ou outros fundos reembolsáveis, prática ilícita de actos ou operações inerentes à actividade seguradora ou dos fundos de pensões, branqueamento de capitais, abuso de informação, manipulação do mercado de valores mobiliários ou crime previsto no Código das Sociedades Comerciais;

VII – *Legislação*                                                                    125

b) Declarada, por sentença nacional ou estrangeira, falida ou insolvente ou julgada responsável por falência ou insolvência de empresa por ela dominada ou de cujos órgãos de administração ou fiscalização tenha sido membro;

c) Sujeita a sanções, no País ou no estrangeiro, pela prática de infracções às normas legais ou regulamentares que regem as actividades de produção, autenticação, registo e conservação de documentos, e designadamente as do notariado, dos registos públicos, do funcionalismo judicial, das bibliotecas públicas, e da certificação de assinaturas electrónicas qualificadas.

3 – A falta dos requisitos de idoneidade previstos no presente artigo constitui fundamento de recusa e de revogação da credenciação, nos termos da alínea c) do n.º 1 do artigo 18.º e da alínea f) do n.º 1 do artigo 20.º

ARTIGO 16.º

**Seguro obrigatório de responsabilidade civil**

O Ministro das Finanças definirá, por portaria, as características do contrato de seguro de responsabilidade civil a que se refere a alínea d) do artigo 12.º

ARTIGO 17.º

**Decisão**

1 – A autoridade credenciadora poderá solicitar dos requerentes informações complementares e proceder, por si ou por quem para o efeito designar, às averiguações, inquirições e inspecções que entenda necessárias para a apreciação do pedido.

2 – A decisão sobre o pedido de credenciação ou sua renovação deve ser notificada aos interessados no prazo de três meses a contar da recepção do pedido ou, se for o caso, a contar da recepção das informações complementares solicitadas ou da conclusão das diligências que entenda necessárias, não podendo no entanto exceder o prazo de seis meses sobre a data da recepção daquele.

3 – A autoridade credenciadora poderá incluir na credenciação condições adicionais desde que necessárias para assegurar o cumprimento das disposições legais e regulamentares aplicáveis ao exercício da actividade pela entidade certificadora.

126  *Comércio Electrónico Contratos Electrónicos e Informáticos*

4 – A credenciação é inscrita no registo a que se refere o n.º 2 do artigo 9.º e publicada na 2.ª série do Diário da República.

5 – A decisão de credenciação é comunicada à Comissão Europeia e aos outros Estados membros da União Europeia.

ARTIGO 18.º

**Recusa de credenciação**

1 – A credenciação é recusada sempre que:

a) O pedido não estiver instruído com todas as informações e documentos necessários;
b) A instrução do pedido enfermar de inexactidões ou falsidades;
c) A autoridade credenciadora não considerar demonstrado algum dos requisitos enumerados nos artigos 12.º e seguintes.

2 – Se o pedido estiver deficientemente instruído, a autoridade credenciadora, antes de recusar a credenciação, notificará o requerente, dando-lhe prazo razoável para suprir a deficiência.

ARTIGO 19.º

**Caducidade da credenciação**

1 – A credenciação caduca nos seguintes casos:

a) Quando a actividade de certificação não seja iniciada no prazo de 12 meses após a recepção da notificação da credenciação;
b) Quando, tratando-se de pessoa colectiva, esta seja dissolvida, sem prejuízo dos actos necessários à respectiva liquidação;
c) Quando, tratando-se de pessoa singular, esta faleça ou seja declarada interdita ou inabilitada;
d) Quando, findo o prazo de validade, a credenciação não tenha sido objecto de renovação.

2 – A caducidade da credenciação é inscrita no registo a que se refere o n.º 2 do artigo 9.º e publicada na 2.ª série do Diário da República.

3 – A caducidade da credenciação é comunicada à Comissão Europeia e aos outros Estados membros da União Europeia.

# Artigo 20.º
## Revogação da credenciação

1 – A credenciação é revogada, sem prejuízo de outras sanções aplicáveis nos termos da lei, quando se verifique alguma das seguintes situações:

a) Se tiver sido obtida por meio de falsas declarações ou outros expedientes ilícitos;
b) Se deixar de se verificar algum dos requisitos enumerados no artigo 12.º;
c) Se a entidade cessar a actividade de certificação ou a reduzir para nível insignificante por período superior a 12 meses;
d) Se ocorrerem irregularidades graves na administração, organização ou fiscalização interna da entidade;
e) Se no exercício da actividade de certificação ou de outra actividade social forem praticados actos ilícitos que lesem ou ponham em perigo a confiança do público na certificação;
f) Se supervenientemente se verificar alguma das circunstâncias de inidoneidade referidas no artigo 15.º em relação a qualquer das pessoas a que alude o seu n.º 1;
g) Se os certificados do organismo de certificação referidos na alínea f) do n.º 1 do artigo 13.º tiverem sido revogados.

2 – A revogação da credenciação compete à autoridade credenciadora, em decisão fundamentada que será notificada à entidade no prazo de oito dias úteis.

3 – A decisão de revogação é inscrita no registo a que se refere o n.º 2 do artigo 9.º e publicada na 2.ª série do Diário da República.

4 – A decisão de revogação é comunicada à Comissão Europeia e aos outros Estados membros da União Europeia.

# Artigo 21.º
## Anomalias nos órgãos de administração e fiscalização

1 – Se por qualquer motivo deixarem de estar preenchidos os requisitos legais e estatutários do normal funcionamento dos órgãos de administração ou fiscalização, a autoridade credenciadora fixará prazo para ser regularizada a situação.

2 – Não sendo regularizada a situação no prazo fixado, será revogada a credenciação nos termos do artigo anterior.

## Artigo 22.º

### Comunicação de alterações

Devem ser comunicadas à autoridade credenciadora, no prazo de 30 dias, as alterações das entidades certificadoras que emitem certificados qualificados relativas a:

a) Firma ou denominação;
b) Objecto;
c) Local da sede, salvo se a mudança ocorrer dentro do mesmo concelho ou para concelho limítrofe;
d) Substrato patrimonial ou património, desde que se trate de uma alteração significativa;
e) Estrutura de administração e de fiscalização;
f) Limitação dos poderes dos órgãos de administração e fiscalização;
g) Cisão, fusão e dissolução.

## Artigo 23.º

### Registo de alterações

1 – O registo das pessoas referidas no n.º 1 do artigo 15.º deve ser solicitado à autoridade credenciadora no prazo de 15 dias após assumirem qualquer das qualidades nele referidas, mediante pedido da entidade certificadora ou dos interessados, juntamente com as provas de que se encontram preenchidos os requisitos definidos no mesmo artigo, e sob pena da credenciação ser revogada.

2 – Poderão a entidade certificadora ou os interessados solicitar o registo provisório, antes da assunção por estes de qualquer das qualidades referidas no n.º 1 do artigo 15.º, devendo a conversão em definitivo ser requerida no prazo de 30 dias a contar da designação, sob pena de caducidade.

3 – Em caso de recondução, será esta averbada no registo, a pedido da entidade certificadora ou dos interessados.

4 – O registo é recusado em caso de inidoneidade, nos termos do artigo 15.º, e a recusa é comunicada aos interessados e à entidade certificadora, a qual deve tomar as medidas adequadas para que aqueles cessem imediatamente funções ou deixem de estar para com a pessoa colectiva na relação prevista no mesmo artigo, seguindo-se no aplicável o disposto no artigo 21.º

VII – *Legislação*                                                        129

5 – Sem prejuízo do que resulte de outras disposições legais aplicáveis, a falta de registo não determina por si só invalidade dos actos jurídicos praticados pela pessoa em causa no exercício das suas funções.

## SECÇÃO II

### Exercício da actividade

Artigo 24.º

### Deveres da entidade certificadora que emite certificados qualificados

Compete à entidade certificadora que emite certificados qualificados:

a) Estar dotada dos requisitos patrimoniais estabelecidos no artigo 14.º;

b) Oferecer garantias de absoluta integridade e independência no exercício da actividade de certificação;

c) Demonstrar a fiabilidade necessária para o exercício da actividade de certificação;

d) Manter um contrato de seguro válido para a cobertura adequada da responsabilidade civil emergente da actividade de certificação, nos termos previstos no artigo 16.º;

e) Dispor de recursos técnicos e humanos que satisfaçam os padrões de segurança e eficácia, nos termos do diploma regulamentar;

f) Utilizar sistemas e produtos fiáveis protegidos contra qualquer modificação e que garantam a segurança técnica dos processos para os quais estejam previstos;

g) Adoptar medidas adequadas para impedir a falsificação ou alteração dos dados constantes dos certificados e, nos casos em que a entidade certificadora gere dados de criação de assinaturas, garantir a sua confidencialidade durante o processo de criação;

h) Utilizar sistemas fiáveis de conservação dos certificados, de forma que:

i) Os certificados só possam ser consultados pelo público nos casos em que tenha sido obtido o consentimento do seu titular;

ii) Apenas as pessoas autorizadas possam inserir dados e alterações aos certificados;

iii) A autenticidade das informações possa ser verificada; e

130     *Comércio Electrónico Contratos Electrónicos e Informáticos*

iv) Quaisquer alterações de carácter técnico susceptíveis de afectar os requisitos de segurança sejam imediatamente detectáveis;

i) Verificar rigorosamente a identidade dos requerentes titulares dos certificados e, tratando-se de representantes de pessoas colectivas, os respectivos poderes de representação, bem como, quando aplicável, as qualidades específicas a que se refere a alínea i) do n.º 1 do artigo 29.º;

j) Conservar os elementos que comprovem a verdadeira identidade dos requerentes titulares de certificados com pseudónimo;

l) Informar os requerentes, por forma escrita, de modo completo e claro, sobre o processo de emissão de certificados qualificados e os termos e condições exactos de utilização do certificado qualificado, incluindo eventuais restrições à sua utilização;

m) Cumprir as regras de segurança para tratamento de dados pessoais estabelecidas na legislação respectiva;

n) Não armazenar ou copiar dados de criação de assinaturas do titular a quem a entidade certificadora tenha oferecido serviços de gestão de chaves;

o) Assegurar o funcionamento de um serviço que:

i) Permita a consulta, de forma célere e segura, do registo informático dos certificados emitidos, revogados, suspensos ou caducados; e

ii) Garanta, de forma imediata e segura, a revogação, suspensão ou caducidade dos certificados;

p) Proceder à publicação imediata da revogação ou suspensão dos certificados, nos casos previstos no presente diploma;

q) Assegurar que a data e hora da emissão, suspensão e revogação dos certificados possam ser determinadas através de validação cronológica;

r) Conservar os certificados que emitir, por um período não inferior a 20 anos.

Artigo 25.º

**Protecção de dados**

1 – As entidades certificadoras só podem coligir dados pessoais necessários ao exercício das suas actividades e obtê-los directamente das pessoas interessadas na titularidade dos dados de criação e verificação de

assinatura e respectivos certificados, ou de terceiros junto dos quais aquelas pessoas autorizem a sua colecta.

2 – Os dados pessoais coligidos pela entidade certificadora não poderão ser utilizados para outra finalidade que não seja a de certificação, salvo se outro uso for consentido expressamente por lei ou pela pessoa interessada.

3 – As entidades certificadoras e a autoridade credenciadora respeitarão as normas legais vigentes sobre a protecção, tratamento e circulação dos dados pessoais e sobre a protecção da privacidade no sector das telecomunicações.

4 – As entidades certificadoras comunicarão à autoridade judiciária, sempre que esta o ordenar nos termos legalmente previstos, os dados relativos à identidade dos titulares de certificados que sejam emitidos com pseudónimo seguindo-se, no aplicável, o regime do artigo 182.º do Código de Processo Penal.

Artigo 26.º

**Responsabilidade civil**

1 – A entidade certificadora é civilmente responsável pelos danos sofridos pelos titulares dos certificados e por terceiros, em consequência do incumprimento dos deveres que lhe incumbem por força do presente diploma e da sua regulamentação, excepto se provar que não actuou de forma dolosa ou negligente.

2 – São nulas as convenções de exoneração e limitação da responsabilidade prevista no n.º 1.

Artigo 27.º

**Cessação da actividade**

1 – No caso de pretender cessar voluntariamente a sua actividade, a entidade certificadora que emite certificados qualificados deve comunicar essa intenção à autoridade credenciadora e às pessoas a quem tenha emitido certificados que permaneçam em vigor, com a antecipação mínima de três meses, indicando também qual a entidade certificadora à qual é transmitida a sua documentação ou a revogação dos certificados no termo daquele prazo, devendo neste último caso, quando seja credenciada, colocar a sua documentação à guarda da autoridade credenciadora.

2 – A entidade certificadora que emite certificados qualificados que se encontre em risco de decretação de falência, de processo de recuperação

132  *Comércio Electrónico Contratos Electrónicos e Informáticos*

de empresa ou de cessação da actividade por qualquer outro motivo alheio à sua vontade deve informar imediatamente a autoridade credenciadora.

3 – No caso previsto no número anterior, se a entidade certificadora vier a cessar a sua actividade, a autoridade credenciadora promoverá a transmissão da documentação daquela para outra entidade certificadora ou, se tal transmissão for impossível, a revogação dos certificados emitidos e a conservação dos elementos de tais certificados pelo prazo em que deveria fazê-lo a entidade certificadora.

4 – A cessação da actividade de entidade certificadora que emite certificados qualificados é inscrita no registo a que se refere o n.º 2 do artigo 9.º e publicada na 2.ª série do Diário da República.

5 – A cessação da actividade de entidade certificadora é comunicada à Comissão Europeia e aos outros Estados membros da União Europeia.

## SECÇÃO III

### Certificados

ARTIGO 28.º

**Emissão dos certificados qualificados**

1 – A entidade certificadora emite, a pedido de uma pessoa singular ou colectiva interessada e a favor desta, os dados de criação e de verificação de assinatura ou, se tal for solicitado, coloca à disposição os meios técnicos necessários para que esta os crie, devendo sempre verificar, por meio legalmente idóneo e seguro, a identidade e, quando existam, os poderes de representação da requerente.

2 – A entidade certificadora emite, a pedido do titular, uma ou mais vias do certificado e do certificado complementar.

3 – A entidade certificadora deve tomar medidas adequadas para impedir a falsificação ou alteração dos dados constantes dos certificados e assegurar o cumprimento das normas legais e regulamentares aplicáveis recorrendo a pessoal devidamente habilitado.

4 – A entidade certificadora fornece aos titulares dos certificados as informações necessárias para a utilização correcta e segura das assinaturas, nomeadamente as respeitantes:

a) Às obrigações do titular do certificado e da entidade certificadora;

b) Ao procedimento de aposição e verificação de assinatura;

VII – *Legislação* 133

c) À conveniência de os documentos aos quais foi aposta uma assinatura serem novamente assinados quando ocorrerem circunstâncias técnicas que o justifiquem.

5 – A entidade certificadora organizará e manterá permanentemente actualizado um registo informático dos certificados emitidos, suspensos ou revogados, o qual estará acessível a qualquer pessoa para consulta, inclusivamente por meio de telecomunicações, e será protegido contra alterações não autorizadas.

ARTIGO 29.º

**Conteúdo dos certificados qualificados**

1 – O certificado qualificado deve conter, pelo menos, as seguintes informações:

a) Nome ou denominação do titular da assinatura e outros elementos necessários para uma identificação inequívoca e, quando existam poderes de representação, o nome do seu representante ou representantes habilitados, ou um pseudónimo do titular, claramente identificado como tal;

b) Nome e assinatura electrónica Avançada da entidade certificadora, bem como indicação do país onde se encontra estabelecida; *(alterado pelo Decreto-Lei N.º 165/2004, de 6 de Julho)*

c) Dados de verificação de assinatura correspondentes aos dados de criação de assinatura detidos pelo titular;

d) Número de série do certificado;

e) Início e termo de validade do certificado;

f) Identificadores de algoritmos utilizados na verificação de assinaturas do titular e da entidade certificadora;

g) Indicação de o uso do certificado ser ou não restrito a determinados tipos de utilização, bem como eventuais limites do valor das transacções para as quais o certificado é válido;

h) Limitações convencionais da responsabilidade da entidade certificadora, sem prejuízo do disposto no n.º 2 do artigo 26.º;

i) Eventual referência a uma qualidade específica do titular da assinatura, em função da utilização a que o certificado estiver destinado;

j) Indicação de que é emitido como certificado qualificado.

134 *Comércio Electrónico Contratos Electrónicos e Informáticos*

2 – A pedido do titular podem ser incluídas no certificado ou em certificado complementar informações relativas a poderes de representação conferidos ao titular por terceiro, à sua qualificação profissional ou a outros atributos, mediante fornecimento da respectiva prova, ou com a menção de se tratar de informações não confirmadas.

Artigo 30.º

**Suspensão e revogação dos certificados qualificados**

1 – A entidade certificadora suspende o certificado:

a) A pedido do titular, devidamente identificado para o efeito;
b) Quando existam fundadas razões para crer que o certificado foi emitido com base em informações erróneas ou falsas, que as informações nele contidas deixaram de ser conformes com a realidade ou que a confidencialidade dos dados de criação de assinatura não está assegurada.

2 – A suspensão com um dos fundamentos previstos na alínea b) do número anterior será sempre motivada e comunicada prontamente ao titular, bem como imediatamente inscrita no registo do certificado, podendo ser levantada quando se verifique que tal fundamento não corresponde à realidade.

3 – A entidade certificadora revogará o certificado:

a) A pedido do titular, devidamente identificado para o efeito;
b) Quando, após suspensão do certificado, se confirme que o certificado foi emitido com base em informações erróneas ou falsas, que as informações nele contidas deixaram de ser conformes com a realidade, ou que a confidencialidade dos dados de criação de assinatura não está assegurada;
c) Quando a entidade certificadora cesse as suas actividades sem ter transmitido a sua documentação a outra entidade certificadora;
d) Quando a autoridade credenciadora ordene a revogação do certificado por motivo legalmente fundado;
e) Quando tomar conhecimento do falecimento, interdição ou inabilitação da pessoa singular ou da extinção da pessoa colectiva.

4 – A decisão de revogação do certificado com um dos fundamentos previstos nas alíneas b), c) e d) do n.º 3 será sempre fundamentada e comunicada ao titular, bem como imediatamente inscrita.

VII – *Legislação*                                                                135

5 – A suspensão e a revogação do certificado são oponíveis a terceiros a partir da inscrição no registo respectivo, salvo se for provado que o seu motivo já era do conhecimento do terceiro.

6 – A entidade certificadora conservará as informações referentes aos certificados durante um prazo não inferior a 20 anos a contar da suspensão ou revogação de cada certificado e facultá-las-á a qualquer interessado.

7 – A revogação ou suspensão do certificado indicará a data e hora a partir das quais produzem efeitos, não podendo essa data e hora ser anterior àquela em que essa informação for divulgada publicamente.

8 – A partir da suspensão ou revogação de um certificado ou do termo do seu prazo de validade é proibida a emissão de certificado referente aos mesmos dados de criação de assinatura pela mesma ou outra entidade certificadora.

Artigo 31.º

**Obrigações do titular**

1 – O titular do certificado deve tomar todas as medidas de organização e técnica que sejam necessárias para evitar danos a terceiros e preservar a confidencialidade da informação transmitida.

2 – Em caso de dúvida quanto à perda de confidencialidade dos dados de criação de assinatura, o titular deve pedir a suspensão do certificado e, se a perda for confirmada, a sua revogação.

3 – A partir da suspensão ou revogação de um certificado ou do termo do seu prazo de validade é proibida ao titular a utilização dos respectivos dados de criação de assinatura para gerar uma assinatura electrónica.

4 – Sempre que se verifiquem motivos que justifiquem a revogação ou suspensão do certificado, deve o respectivo titular efectuar, com a necessária celeridade e diligência, o correspondente pedido de suspensão ou revogação à entidade certificadora.

# CAPÍTULO IV

## Fiscalização

ARTIGO 32.º

### Deveres de informação das entidades certificadoras

1 – As entidades certificadoras fornecem à autoridade credenciadora, de modo pronto e exaustivo, todas as informações que ela lhes solicite para fins de fiscalização da sua actividade e facultam-lhe para os mesmos fins a inspecção dos seus estabelecimentos e o exame local de documentos, objectos, equipamentos de hardware e software e procedimentos operacionais, no decorrer dos quais a autoridade credenciadora poderá fazer as cópias e registos que sejam necessários.

2 – As entidades certificadoras credenciadas devem comunicar sempre à autoridade credenciadora, no mais breve prazo possível, todas as alterações relevantes que sobrevenham nos requisitos e elementos referidos nos artigos 13.º e 15.º

3 – Até ao último dia útil de cada semestre, as entidades certificadoras credenciadas devem enviar à autoridade credenciadora uma versão actualizada das relações referidas na alínea b) do n.º 1 do artigo 13.º

ARTIGO 33.º

### Auditor de segurança

1 – As entidades certificadoras que emitam certificados qualificados devem ser auditadas por um auditor de segurança que cumpra os requisitos especificados na regulamentação a que se refere o artigo 39.º

2 – O auditor de segurança elabora um relatório anual de segurança que envia à autoridade credenciadora, até 31 de Março de cada ano civil.

ARTIGO 34.º

### Revisores oficiais de contas e auditores externos

Os revisores oficiais de contas ao serviço das entidades certificadoras e os auditores externos que, por imposição legal, prestem às mesmas entidades serviços de auditoria devem comunicar à autoridade credenciadora as infracções graves às normas legais ou regulamentares relevantes para a fiscalização e que detectem no exercício das suas funções.

## Artigo 35.º

### Recursos

Nos recursos interpostos das decisões tomadas pela autoridade credenciadora no exercício dos seus poderes de credenciação e fiscalização, presume-se, até prova em contrário, que a suspensão da eficácia determina grave lesão do interesse público.

## Artigo 36.º

### Colaboração das autoridades

A autoridade credenciadora poderá solicitar às autoridades policiais e judiciárias e a quaisquer outras autoridades e serviços públicos toda a colaboração ou auxílio que julgue necessários para a credenciação e fiscalização da actividade de certificação.

# CAPÍTULO V

## Disposições finais

## Artigo 37.º

### Organismos de certificação

A conformidade dos produtos de assinatura electrónica com os requisitos técnicos a que se refere a alínea c) do n.º 1 do artigo 12.º, é verificada e certificada por:

a) Organismo de certificação acreditado no âmbito do Sistema Português de Qualidade;

b) Organismo de certificação acreditado no âmbito da EA (European cooperation for Accreditation), sendo o respectivo reconhecimento comprovado pela entidade competente do Sistema Português de Qualidade para a acreditação;

c) Organismo de certificação designado por outros Estados membros e notificado à Comissão Europeia nos termos da alínea b) do n.º 1 do artigo 11.º da Directiva n.º 1999/93/CE, do Parlamento Europeu e do Conselho, de 13 de Dezembro.

## Artigo 38.º

### Certificados de outros Estados

1 – As assinaturas electrónicas qualificadas certificadas por entidade certificadora credenciada em outro Estado membro da União Europeia são equiparadas às assinaturas electrónicas qualificadas certificadas por entidade certificadora credenciada nos termos deste diploma.

2 – Os certificados qualificados emitidos por entidade certificadora sujeita a sistema de fiscalização de outro Estado membro da União Europeia são equiparados aos certificados qualificados emitidos por entidade certificadora estabelecida em Portugal.

3 – Os certificados qualificados emitidos por entidades certificadoras estabelecidas em Estados terceiros são equiparados aos certificados qualificados emitidos por entidade certificadora estabelecida em Portugal, desde que se verifique alguma das seguintes circunstâncias:

a) A entidade certificadora preencha os requisitos estabelecidos pela Directiva n.º 1999/93/CE, do Parlamento Europeu e do Conselho, de 13 de Dezembro, e tenha sido credenciada num Estado membro da União Europeia;

b) O certificado esteja garantido por uma entidade certificadora estabelecida na União Europeia que cumpra os requisitos estabelecidos na directiva referida na alínea anterior;

c) O certificado ou a entidade certificadora seja reconhecida com base num acordo internacional que vincule o Estado Português.

4 – A autoridade credenciadora divulgará, sempre que possível e pelos meios de publicidade que considerar adequados, e facultará aos interessados, a pedido, as informações de que dispuser acerca das entidades certificadoras credenciadas em Estados estrangeiros.

## Artigo 39.º

### Normas regulamentares

1 – A regulamentação do presente diploma, nomeadamente no que se refere às normas de carácter técnico e de segurança, constará de decreto regulamentar, a adoptar no prazo de 150 dias.

2 – Os serviços e organismos da Administração Pública poderão emitir normas regulamentares relativas aos requisitos a que devem obedecer os documentos que recebam por via electrónica.

## Artigo 40.º

### Designação da autoridade credenciadora

A entidade referida no artigo 11.º será designada em diploma próprio, no prazo de 150 dias.

## Artigo 41.º

### Entrada em vigor

O presente diploma entra em vigor no dia imediato ao da sua publicação.

# Decreto Lei n.º 252/94, de 20 de Outubro

*Protecção Jurídica dos programas de computador*

O presente diploma transpõe para a ordem jurídica interna a Directiva n.º 91/250/CEE, do Conselho, de 14 de Maio, relativa à protecção jurídica dos programas de computador.

De acordo com a melhor técnica decidiu-se criar um diploma próprio onde se condensem todas as normas específicas de protecção dos programas de computador, ao invés de se proceder a alterações no Código do Direito de Autor e dos direitos Conexos.

Na verdade, os conceitos nucleares de protecção dos programas de computador transportam novas realidades que não são facilmente subsumíveis às existências no direito de autor, muito embora a equiparação a obras literárias possa permitir, pontualmente, uma aproximação.

A transposição obedece também à consideração de que o ordenamento jurídico interno contém normas e princípios efectivos, com consagração no direito objectivo, que tornam dispensável uma mera tradução.

Assim:

No uso da autorização legislativa concedida pela Lei n.º 21/94, de 17 de Junho, e nos termos das alíneas a) e b) do n.º 1 do artigo 201.º da Constituição, o Governo decreta o seguinte:

### Artigo 1.º

## Âmbito

1. O presente diploma transpõe para a ordem jurídica interna a Directiva n.º 91/250/CEE, do Conselho, de 14 de Maio, relativa a protecção jurídica dos programas de computador.

2. Aos programas de computador que tiverem carácter criativo é atribuída protecção análoga à conferida às obras literárias.

3. Para efeitos de protecção, equipara-se ao programa de computador o material de concepção preliminar daquele programa.

## Artigo 2.º

### Objecto

1. A protecção atribuída ao programa de computador incide sobre a sua expressão, sob qualquer forma.

2. Esta tutela não prejudica a liberdade das ideias e dos princípios que estão na base de qualquer elemento do programa ou da sua interoperabilidade, como a lógica, os algoritmos ou a linguagem de programação.

## Artigo 3.º

### Autoria

1. Aplicam-se aos programas de computadores as regras sobre autoria e titularidade vigentes para o direito de autor.

2. O programa que for realizado no âmbito de uma empresa presume-se obra colectiva.

3. Quando um programa de computador for criado por um empregado no exercício das suas funções, ou segundo instruções emanadas do dador de trabalho, ou por encomenda, pertencem ao destinatário do programa os direitos a ele relativos, salvo estipulação em contrário ou se outra coisa resultar das finalidades do contrato.

4. As regras sobre atribuição do direito ao programa aplicam-se sem prejuízo do direito a remuneração especial do criador intelectual quando se verificarem os pressupostos das alíneas a) e b) do n.º 4 do artigo 14.º do Código do Direito de Autor e dos Direitos Conexos.

5. O n.º 2 do artigo 15.º daquele Código não é aplicável no domínio dos programas de computador.

## Artigo 4.º

### Duração

[Revogado pelo Dec. Lei n.º 334/97, de 27 de Novembro]

## Artigo 5.º

### Reprodução e transformação

O titular do programa pode fazer ou autorizar:

a) A reprodução, permanente ou transitória, por qualquer processo ou forma, de todo ou de parte do programa;

VII – *Legislação* 143

b) Qualquer transformação do programa e a reprodução do programa derivado, sem prejuízo dos direitos de quem realiza a transformação.

ARTIGO 6.º

**Direitos do utente**

1. Não obstante o disposto no artigo anterior, todo o utente legítimo pode, sem autorização do titular do programa:

a) Providenciar uma cópia de apoio no âmbito dessa utilização;
b) Observar, estudar ou ensaiar o funcionamento do programa, para determinar as ideias e os princípios que estiverem na base de algum dos seus elementos, quando efectuar qualquer operação de carregamento, visualização, execução, transmissão ou armazenamento.

2. É nula qualquer estipulação em contrário ao disposto no número anterior.

3. O utente legítimo de um programa pode sempre, para utilizar o programa ou para corrigir erros, carregá-lo, visualizá-lo, executá-lo, transmiti-lo e armazená-lo, mesmo se esses actos implicarem operações previstas no n.º 1, salvo estipulação em contratual referente a algum ponto específico.

ARTIGO 7.º

**Descompilação**

1. A descompilação das partes de um programa necessárias à interoperabilidade desse programa de computador com outros programas é sempre lícita, ainda que envolva operações previstas nos artigos anteriores, quando for a via indispensável para a obtenção de informações necessárias a essa interoperabilidade.

2. Têm legitimidade para realizar a descompilação o titular da licença de utilização ou outra pessoa que possa licitamente utilizar o programa, ou pessoas por estes autorizadas, se essas informações não estiverem já fácil e rapidamente disponíveis.

3. É nula qualquer estipulação em contrário ao disposto nos números anteriores.

4. As informações obtidas não podem:

a) Ser utilizadas para um acto que infrinja direitos de autor sobre o programa originário;

## 144    Comércio Electrónico Contratos Electrónicos e Informáticos

b) Lesar a exploração normal do programa originário ou causar um prejuízo injustificado aos interesses legítimos do titular do direito;
c) Ser comunicadas a outrem quando não for necessário para a interoperabilidade do programa criado independentemente.

5. O programa criado nos termos da alínea c) do número anterior não pode ser substancialmente semelhante, na sua expressão, ao programa originário.

### Artigo 8.º

### Direito de pôr em circulação

1. O titular do programa de computador têm o direito de por em circulação originais ou cópias desse programa e o direito de locação dos exemplares.

2. Qualquer acto de disposição produz o esgotamento do direito de pôr em circulação, mas não afecta a subsistência do direito de locação do programa.

### Artigo 9.º

### Direitos do titular originário

1. São ainda garantidos ao titular originário do programa o direito à menção do nome no programa e o direito à reivindicação da autoria deste.

2. Se o programa tiver um criador intelectual individualizável, cabe--lhe, em qualquer caso, o direito a ser reconhecido como tal e de ter o seu nome mencionado no programa.

### Artigo 10.º

### Limites

1. Sempre que forem compatíveis, são aplicáveis aos programas de computador os limites estabelecidos para o direito de autor, nomeadamente os constantes do artigo 75.º do Código do Direito de Autor e dos Direitos Conexos, mas o uso privado só será admitido nos termos do presente diploma.

2. É livre a análise de programa como objecto de pesquisa científica ou de ensino.

## Artigo 11.º

### Autonomia privada

1. Os negócios relativos a direitos sobre programas de computador são disciplinados pelas regras gerais dos contratos e pelas disposições dos contratos típicos em que se integram ou com que ofereçam maior analogia.

2. São aplicáveis a estes negócios as disposições dos artigos 40.º, 45.º a 51.º e 55.º do Código do Direito de Autor e dos Direitos Conexos.

3. As estipulações contratuais são sempre entendidas de maneira conforme à boa fé e com o âmbito justificado pelas finalidades do contrato.

## Artigo 12.º

### Registo

É admitida a inscrição do programa no registo da propriedade literária, para efeitos daquele registo.

## Artigo 13.º

### Apreensão

1. Aplicam-se à apreensão de cópias ilícitas de programas de computador as disposições relativas à apreensão de exemplares contrafeitos em matéria de direito de autor.

2. Podem igualmente ser apreendidos dispositivos em comercialização que tenham por finalidade exclusiva facilitar a supressão não autorizada ou a neutralização de qualquer salvaguarda técnica eventualmente colocada para proteger um programa de computador.

3. O destino dos objectos apreendidos será determinado na sentença final.

## Artigo 14.º

### Tutela penal

1. Um programa de computador é penalmente protegido contra a reprodução não autorizada.

2. É aplicável ao programa de computador o disposto no n.º 1 do artigo 9.º da Lei n.º 109/91, de 17 de Agosto.

# Artigo 15.º

## Tutela por outras disposições legais

A tutela instituída pelo presente diploma não prejudica a vigência de regras de diversa natureza donde possa resultar uma protecção do programa, como as emergentes da disciplina dos direitos de patente, marcas, concorrência desleal, segredos comerciais e das topografias dos semicondutores ou do direito dos contratos.

# Artigo 16.º

## Vigência

1. A protecção dos programas de computador inicia-se na data da entrada em vigor do presente diploma, mas os programas anteriormente criados são protegidos durante o tempo que gozariam ainda de protecção se esta lei fosse já vigente ao tempo da sua criação.

2. A aplicação do presente diploma não prejudica os contratos concluídos nem os direitos adquiridos antes da sua entrada em vigor, mas as regras sobre a invalidade das estipulações aplicam-se também a estes contratos.

# Artigo 17.º

## Tutela internacional

1. A tutela internacional é subordinada à reciprocidade material.

2. Na medida em que assim for estabelecido por convenção internacional, aplica-se o princípio do tratamento nacional.

3. Os programas que nos países de origem respectivos tiverem tombado no domínio público não voltam a ser protegidos.

4. É considerado autor quem assim for qualificado pela lei do país de origem respectivo; em caso de colisão de qualificações aplica-se a lei que se aproxime mais da lei portuguesa.

## VIII – Minutas

- Contrato de fornecimento de hardware
- Contrato de desenvolvimento de programas informáticos
- Contrato de licença de uso de programas informáticos
- Contrato de manutenção de equipamentos de processamento automático de dados
- Contrato de hospedagem (hosting)
- Contrato de leasing de equipamentos informáticos
- Contrato de compra e venda de site web
- Contrato de arrendamento de equipamentos de processamento automático de dados

## CONTRATO DE FORNECIMENTO DE HARDWARE

### 1.ª Das Definições

"CLIENTE" – entidade adquirente de produtos.

"FORNECEDOR" – o vendedor do produto conforme identificado na factura e, quando seja relevante, o prestador de serviços.

"Produto da marca do FORNECEDOR" produtos de equipamento informático ("hardware") identificados com a marca do "FORNECEDOR", incluindo os seus componentes internos, mas não incluindo qualquer dos seguintes items:

(a) software, altifalantes, dispositivos exteriores, acessórios ou partes não instalados ou adicionados pelo FORNECEDOR na sua fábrica;

(b) acessórios ou partes adicionados aos produtos de equipamento informático de marca do FORNECEDOR;ou

(c) monitores, teclados e ratos, na medida em que não estejam incluídos na lista normal de preços do FORNECEDOR.

"Confirmação da Encomenda" reconhecimento formal, enviado pelo FORNECEDOR, da encomenda de produtos feita pelo CLIENTE.

"Preço" preço indicado na Confirmação da Encomenda.

"Produto" produto descrito na Confirmação da Encomenda, que pode incluir produtos da marca do FORNECEDOR, produtos de Terceiros (de outras marcas) e serviços.

"Serviços" descrição de serviços indicada na Confirmação da Encomenda e documentação sobre os serviços do FORNECEDOR.

"Prestador de Serviços" FORNECEDOR ou especialistas credenciados pelo FORNECEDOR para a prestação dos serviços.

"Produtos de Terceiros" todos os bens que não são produtos da marca do FORNECEDOR.

"Software" sistemas operativos, interfaces, ou aplicações informáticas.

"Serviços" assistência técnica geral ou apoio ao CLIENTE levado a cabo pelo FORNECEDOR ou prestador de serviços nos termos da Oferta de Serviços.

150     *Comércio Electrónico Contratos Electrónicos e Informáticos*

## 2.ª Do Âmbito de Aplicação

Este contrato é apenas aplicável a esta venda.

Qualquer alteração a este contrato terá de ser confirmada por escrito, pelo FORNECEDOR. Excluem-se quaisquer outros termos ou condições. A encomenda efectuada pelo CLIENTE implica a sua aceitação deste contrato.

Este Contrato não se aplica a aquisições feitas pelo CLIENTE a um revendedor ou distribuidor, nem este contrato constitui contrato de revenda ou distribuição.

## 3.ª Do Orçamento

Os orçamentos só são válidos por escrito e pelo prazo de 10 dias.

As encomendas são aceites por escrito, Internet, telefone ou fax, mas só são vinculativas uma vez aceites pelo FORNECEDOR por escrito mediante Confirmação da Encomenda. O CLIENTE deve verificar a Confirmação da Encomenda e comunicar ao FORNECEDOR, imediatamente, por escrito, qualquer erro. Caso contrário, o conteúdo da Confirmação da Encomenda passará a integrar este contrato.

Ao FORNECEDOR está reservado o direito de entregar produtos diferentes dos encomendados a qualquer momento, garantindo, todavia, que as funções e o desempenho dos produtos fornecidos serão iguais ou equivalentes aos dos encomendados.

## 4.ª Do Preço e Prazos de Pagamento

Os preços dos produtos e da oferta de serviços, bem como os impostos, despesas de envio, seguro e instalação, são os indicados na factura.

O FORNECEDOR poderá ajustar os seus preços de acordo com as variações de taxas de câmbio, direitos alfandegários, custos de seguro, transporte e ou aquisição (incluindo os dos componentes e Serviços).

O pagamento efectuar-se-á antes do fornecimento dos produtos ou prestação dos serviços ou, se assim for acordado, nos 45 dias após a data da factura.

O FORNECEDOR pode suspender a entrega ou os serviços até pagamento integral da encomenda. Em caso de mora, o CLIENTE pagará juros, devidos e calculados dia a dia, à taxa EURIBOR a um mês, em vigor à data do vencimento da obrigação, acrescida de 2%, pagando igualmente os custos da recuperação do crédito.

O FORNECEDOR pode exigir o pagamento do preço no prazo contratual, utilizando para isso os meios judiciais disponíveis, mesmo antes da transferência da propriedade dos produtos para o CLIENTE.

### 5.ª Da Entrega

Os prazos de entrega indicados na Confirmação da Encomenda não vinculam o FORNECEDOR, podendo estas ser efectuadas parcialmente.

O lugar de entrega é o indicado na Confirmação da Encomenda. Se o CLIENTE recusar a entrega, sem a aprovação do FORNECEDOR, todos os gastos e eventuais danos resultantes correrão por sua conta, incluindo as despesas de armazenamento, até à aceitação da entrega.

O risco de perda ou deterioração do produto transfere-se para o CLIENTE com a entrega.

A propriedade do produto transfere-se para o CLIENTE com o seu integral pagamento e até este ocorrer, em caso de entrega faseada, o CLIENTE terá de segurar e guardar os produtos fornecidos sem os sujeitar a qualquer modificação, oneração ou alienação.

### 6.ª Da Aceitação

O CLIENTE deverá examinar o Produto nos oito dias após a sua entrega para verificar da conformidade com a encomenda, experimentação e detecção de eventuais defeitos. Decorrido esse prazo, considera-se que o CLIENTE aceitou o Produto.

Se o FORNECEDOR acordar, em função dos motivos expostos pelo CLIENTE, em aceitar a devolução do produto, este deverá ser entregue nas suas condições originais, com pacote original, nota de devolução e comprovativo de compra. Os custos de devolução correm por conta do FORNECEDOR.

### 7.ª Da Garantia

O FORNECEDOR garante que os produtos fornecidos estão livres de defeitos durante os 12 meses posteriores à entrega, sendo este prazo de 180 dias, desde a instalação ou entrega (conforme o que ocorrer primeiro), para peças de substituição.

Se o produto apresentar defeitos durante este prazo, FORNECEDOR fará a sua reparação ou substituição no prazo máximo de 30 dias.

O FORNECEDOR pode revêr e alterar os termos das suas garantias, mas essas alterações não afectam a garantia dos produtos encomendados antes da data da alteração.

O FORNECEDOR não garante nem aceita responsabilidade por:

a) danos causados por instalação incorrecta, utilização, modificação ou reparação feita por terceiro não devidamente autorizado ou pelo próprio CLIENTE;
b) adequação do Produto a um propósito determinado, não especificado na encomenda efectuada ao FORNECEDOR;
c) produtos de terceiros e Software especificados pelo CLIENTE. O CLIENTE receberá a garantia desses produtos directamente do fabricante ou respectiva entidade detentora da licença.

### 8.ª Dos Serviços

Os serviços serão prestados por FORNECEDOR ou por prestador de serviços por este devidamente autorizado.

Os serviços poderão ser prestados via telefone, fax ou Internet.

O CLIENTE permitirá que FORNECEDOR examine o Produto nas instalações do CLIENTE ou nas do FORNECEDOR, conforme for considerado oportuno.

As peças ou produtos substituídos em resultado da reparação são sempre propriedade do FORNECEDOR obrigando-se o CLIENTE à sua devolução ou, caso não o faça, ao seu pagamento ao FORNECEDOR.

Os serviços são os que expressamente constam da respectiva oferta.

Os serviços não incluem:

a) qualquer forma de trabalho extraordinário (trabalho fora das horas de trabalho normais, em fins-de-semana ou feriados);
b) substituição de artigos excluídos da garantia, alterações na configuração, relocalização, manutenção preventiva, reposição de qualquer tipo de consumíveis, instalação eléctrica, transferência de dados ou Software, controle de vírus.
c) as reparações de produtos de terceiros efectuar-se-ão segundo a garantia do fabricante ou licenciador.

### 9.ª Da Responsabilidade

O FORNECEDOR aceita a responsabilidade por qualquer perda ou dano verificada nas instalações do CLIENTE, causada por negligência ou dolo do FORNECEDOR, do prestador de serviços credenciado ou dos seus agentes e subcontratados.

O FORNECEDOR não responderá por todos e quaisquer danos que não lhe sejam directamente imputáveis, como:

a) os resultantes de avarias remediadas atempadamente pelo FORNECEDOR;
b) os que derivem de perdas evitáveis pelo CLIENTE, caso este adoptasse as medidas de segurança adequadas, como o armazenamento de dados em cópias de segurança, assim como as recomendações indicadas pelo FORNECEDOR.

### 10.ª Da Propriedade Intelectual

O FORNECEDOR reserva todos os seus direitos de propriedade intelectual e industrial sobre o produto.

O CLIENTE comunicará ao FORNECEDOR, imediatamente, qualquer violação ou utilização não autorizada do produto ou respectiva propriedade intelectual ou industrial.

O FORNECEDOR reserva-se o direito de não indemnizar o CLIENTE por quaisquer produtos de terceiros, por modificações não autorizadas introduzidas pelo CLIENTE, ou por qualquer reclamação derivada do uso dos produtos em conjunto com algo não fornecido por FORNECEDOR.

### 11.ª Do Software

O Software que não seja propriedade do FORNECEDOR é fornecido sob licença e garantia do seu licenciante. O FORNECEDOR juntará ao produto a licença do Software que o CLIENTE solicite, quando for necessário. O CLIENTE obriga-se a cumprir os termos dessa licença.

### 12.ª Do prazo de execução

O FORNECEDOR não poderá ser responsabilizado por atrasos de execução, que não lhe sejam directamente imputáveis, como os causados por circunstâncias que escapem ao seu controle, sendo-lhe assim conferido o direito a uma prorrogação do prazo contratado para a execução.

Se a causa originadora do incumprimento durar mais de 45 dias, este contrato poderá ser resolvido por qualquer das partes, sem direito a qualquer indemnização.

## 13.ª Da Confidencialidade

Cada parte deverá tratar toda a documentação recebida da outra que estiver assinalada como "confidencial", ou que se possa razoavelmente considerar como confidencial, do mesmo modo que trataria as suas informações internas confidenciais.

## 14.ª Da Resolução

O FORNECEDOR poderá resolver este contrato imediatamente mediante aviso escrito se o preço não for pago pontualmente.
Qualquer parte pode resolver este contrato se a outra:

a) incumprir de modo relevante e persistente este acordo e não sanar o seu incumprimento dentro dos 30 dias seguintes à solicitação escrita para o efeito; ou
b) for declarada insolvente ou não puder pagar as suas dívidas na data de vencimento.

## 15.ª Do Foro Competente

Acordam as partes em considerar como exclusivamente competente o foro dos tribunais da comarca de Lisboa.

# CONTRATO DE DESENVOLVIMENTO
## DE PROGRAMAS INFORMÁTICOS

Entre:

............................................. , NIF n.º.................................. com sede em ....................................... , adiante designado por CLIENTE

E

............................................. , NIF n.º .............................. com sede em .............................. , adiante designado por FORNECEDOR

É celebrado o presente contrato de desenvolvimento de programas informáticos que se rege pelas cláusulas seguintes:

1.ª

Constitui parte integrante deste contrato a proposta do FORNE-CEDOR, apresentada a ...... , ....... de 2005.

2.ª

Por este contrato compromete-se o FORNECEDOR a realizar os trabalhos de planeamento, análise, concepção, programação e instalação dos programas informáticos indicados pelo CLIENTE, os quais constam do ANEXO III.

3.ª

1 – Para a resolução de todas as questões técnicas que possam surgir no período de execução deste contrato, acordam as partes em nomear como seus representantes:

– Por parte do CLIENTE:

– Por parte do FORNECEDOR:

2 – Caso qualquer das partes pretenda substituir o representante nomeado deverá avisar a contraparte, por carta registada, com 30 dias de antecedência.

4.ª

A prestação do serviço fornecido será pago, pelo CLIENTE, nos termos do Anexo I, que estipula o preço total e os momentos temporais do pagamento.

## 5.ª

1 – Os programas informáticos são propriedade do FORNECEDOR.

2 – Logo que termine a execução do presente contrato e seja pago o valor estipulado no Anexo I, o CLIENTE assumirá a propriedade dos programas desenvolvidos, como seu autor fosse, nos termos do DL 252/94 de 20/10, com as rectificações introduzidas pela Rectificação n.º 2-A/95 de 31/01 e pelo DL 334/97 de 27/11.

## 6.ª

O CLIENTE obriga-se a:

1 – Garantir a operacionalidade dos equipamentos informáticos que possui, cujo estado e condições de uso constam da proposta apresentada pelo FORNECEDOR, após verificação dos mesmos.

2 – Facultar, sempre que o FORNECEDOR o solicitar, o acesso total aos seus equipamentos, dando absoluta prioridade a todas as provas e testes que o FORNECEDOR, no âmbito deste contrato, entenda necessários.

3 – Proporcionar uma zona de trabalho, em qualquer das suas instalações, adequada às necessidades do FORNECEDOR, a fim de que o seu pessoal técnico possa prosseguir a boa execução do objecto contratual definido.

4 – Fornecer, através do seu representante nomeado, informações sobre a adequação do objecto deste contrato às suas efectivas necessidades.

## 7.ª

O FORNECEDOR obriga-se a:

1 – Desenvolver os programas informáticos de acordo com as especificações indicadas, por escrito, pelo CLIENTE, e nos precisos termos da proposta apresentada.

2 – Informar o CLIENTE, através do seu representante nomeado e com regularidade semanal da evolução do objecto contratual.

3 – Dar formação adequada sobre os programas informáticos, às pessoas que o CLIENTE indicar.

4 – Fornecer todos os manuais e documentação relevante, relativa aos programas em causa.

## 8.ª

1 – O fornecimento dos serviços a prestar é rigorosamente estabelecido de acordo com a proposta apresentada pelo FORNECEDOR.

2 – Qualquer alteração introduzida pelo FORNECEDOR, carece de autorização expressa do CLIENTE, que em caso de aceitação não suportará qualquer acréscimo de custos.

9.ª
O presente contrato deverá ser executado no período de.......meses, a partir da data da sua assinatura.

10.ª
O desenvolvimento dos programas informáticos compreendem as seguintes fases:

1 – Planeamento do sistema.
2 – Análise do sistema e suas especificações.
3 – Concepção geral e detalhada.
4 – Programação.
5 – Provas de eficácia.
6 – Elaboração de manuais de procedimentos.
7 – Instalação de programas.
8 – Provas de funcionamento.
9 – Formação de pessoal.
10 – Assessoria informática.

11.ª
1 – Ao FORNECEDOR cabe a integral responsabilidade pelos técnicos por si contratados para a execução do presente contrato.
2 – Sempre que o FORNECEDOR o solicite, o CLIENTE poderá disponibilizar os seus técnicos para auxiliar a execução contratual.
3 – A solicitação prevista no número anterior deverá ser formulada por escrito e devidamente fundamentada.

12.ª
1 – Compromete-se o FORNECEDOR a assegurar a fiabilidade e segurança dos programas informáticos objecto deste contrato.
2 – O FORNECEDOR não tem qualquer responsabilidade por danos resultantes de uso incorrecto, violando as instruções fornecidas, assim como por falhas ou funcionamento deficiente derivados do equipamento do CLIENTE.
3 – Em qualquer caso a responsabilidade do FORNECEDOR cessa a partir do momento em que o CLIENTE dá por concluído e aceita o contrato.

## 13.ª

Ao CLIENTE é reconhecido o direito de verificar e supervisionar, sempre que entenda, todas as fases dos trabalhos a efectuar pelo FORNECEDOR, estabelecidos na cláusula 10.ª, assim como solicitar informações e apresentar sugestões, sem que estas últimas vinculem qualquer uma das partes.

## 14.ª

1 – Acordam as partes que ao CLIENTE cabe verificar e aprovar cada uma das fases previstas na cláusula 10.ª.

2 – Caso o CLIENTE não aprove o desenvolvimento verificado, após cada uma das fases, deverá comunicá-lo, por escrito, ao FORNE-CEDOR, no prazo máximo de três dias, cabendo a este nos três dias subsequentes justificar, também por escrito, o procedimento adoptado ou corrijir eventuais anomalias verificadas.

## 15.ª

Todos os programas informáticos objecto do presente contrato devem ser aprovados pelo representante do CLIENTE, após efectuada a respectiva prova de funcionamento, constatando a correspondência com a proposta apresentada pelo FORNECEDOR e a efectiva adequação às necessidades do CLIENTE.

## 16.ª

O FORNECEDOR compromete-se a corrigir toda e qualquer falha imputável à instalação por si efectuada, no prazo de seis meses após a entrega e aceitação total da prestação contratual por parte do CLIENTE.

## 17.ª

Acordam as partes em fixar um plano de formação para o pessoal do CLIENTE, cabendo a este indicar o número de formandos.

## 18.ª

O FORNECEDOR compromete-se a garantir a confidencialidade, quer sobre os programas por si desenvolvidos e instalados, quer sobre os sistemas do CLIENTE, ou quaisquer outras informações relativas a este, das quais venha a tomar conhecimento em virtude da execução do presente contrato.

## 19.ª

1 – Se por qualquer causa fortuita, não imputável ao FORNECEDOR, não fôr possível dar cumprimento a este contrato no prazo estabelecido na cláusula 9.ª, compromete-se o CLIENTE a conceder ao FORNECEDOR um prazo suplementar de três meses, sem qualquer agravamento de custos.

2 – Se o incumprimento do prazo decorrer de causa imputável ao FORNECEDOR deverá este indemnizar o CLIENTE no valor correspondente a 2% do valor global do contrato por cada período de trinta dias de atraso.

3 – Caso o incumprimento resulte da responsabilidade exclusiva do CLIENTE, obriga-se este ao alargamento do prazo de execução contratual por período não inferior a sessenta dias.

## 20.ª

A garantia técnica dos programas informáticos desenvolvidos e instalados pelo FORNECEDOR tem o prazo de cento e oitenta dias a partir da data da assinatura deste contrato.

## 21.ª

Caso o CLIENTE, após a execução integral do contrato, pretenda proceder à venda ou a qualquer outra forma de alienação dos programas instalados, não carece de autorização do FORNECEDOR.

## 22.ª

Nenhuma cláusula deste contrato pode, ser unilateralmente modificada, suprimida ou acrescentada, devendo toda e qualquer alteração ser comunicada e aceite, por escrito, por qualquer uma das partes.

## 23.ª

Para todos os litígios emergentes da execução do presente contrato, acordam as partes em recorrer ao Tribunal Arbitral, como única entidade competente.

## ANEXO I

**Preço e Modalidades de Pagamento**

– O preço acordado é de € .................................
– O pagamento será efectuado em quatro partes iguais, após terminar e ser devidamente aprovada, cada uma das fases a seguir descriminadas:

Fase 1
– Planeamento

Fase 2
– Análise do sistema e suas especificações

Fase 3
– Concepção geral e detalhada

Fase 4
– Programação e provas de funcionamento
– Elaboração de procedimentos e manuais
– Instalação dos programas informáticos
– Provas de aceitação
– Formação

O CLIENTE                                    O FORNECEDOR


## ANEXO II

**Proposta do FORNECEDOR**


## ANEXO III

**Listagem dos programas informáticos**

ANEXO IV

**Documentação e Manuais**

O CLIENTE                                O FORNECEDOR

## CONTRATO DE LICENÇA DE USO
## DE PROGRAMAS INFORMÁTICOS

Entre:

......................................... , NIF ............................. , com sede em
................................................. , adiante designado como CLIENTE

E

......................................... ,NIF ............................. , com sede em
............................................................. , adiante designado como FOR-
NECEDOR, é celebrado, livremente e de boa fé, o presente contrato de
licença de uso de programas informáticos, nos termos dos artigos seguintes:

### 1.º – Objecto

1 – O FORNECEDOR concede ao CLIENTE a licença para utilizar
os programas que constam da relação contida no Anexo I – "Relação de
Programas" –, assim como a documentação com eles relacionada.

2 – Todos os Anexos juntos a este contrato, dele fazem parte
integrante.

### 2.º – Valor do contrato

1 – O CLIENTE obriga-se a pagar o valor constante do Anexo II
– "Preço e Formas de Pagamento" – de forma a obter os direitos de uso,
de acordo com os prazos e condições deste contrato.

2 – O pagamento da licença objecto deste contrato, não implica a
compra dos programas ou títulos destes, nem os direitos autorais
correspondentes.

### 3.º – Forma de pagamento

O preço acordado para a licença de uso dos programas objecto deste
contrato, estabelecido no Anexo II, deverá ser sempre pago em euros, nos
termos do citado documento.

## 4.º – Vigência do contrato

1 – Este contrato tem uma vigência de 180 dias, a contar da data da sua assinatura.

2 – O prazo previsto no número anterior será renovável automaticamente, por iguais períodos, caso qualquer uma das partes não o denuncie, por escrito, com 30 dias de antecedência.

## 5.º – Propriedade e direitos de autor

1 – Os programas a licenciar constam da proposta enviada pelo FORNECEDOR e aceite pelo CLIENTE, a qual faz parte integrante do presente contrato como Anexo 1.

2 – Os programas licenciados por este contrato, as suas reproduções, qualquer cópia parcial ou total, realizada pelo CLIENTE, ou por qualquer outra pessoa, assim como as patentes, marcas ou qualquer outro direito intelectual ou de propriedade pertencem ao FORNECEDOR.

3 – Caso um terceiro perturbe a propriedade ou direito de autor sobre os programas objecto do presente contrato, cabe ao FORNECEDOR avisar atempadamente o CLIENTE e tomar todas as iniciativas considerads adequadas à reposição da legalidade.

4 – Se, como consequência de qualquer procedimento judicial, o CLIENTE não possa usar normalmente os programas informáticos, o FORNECEDOR assegurará a substituição dos programas por outros que cumpram as mesmas especificações e objectivos determinados pelo CLIENTE.

5 – Em caso de incumprimento do número anterior, poderá o CLIENTE rescindir o contrato celebrado, com direito a indemnização por lucros cessantes, danos e prejuízos nos termos do Código Civil.

6 – O CLIENTE reconhece que os programas ora licenciados, assim como toda a documentação a eles inerente, estão sujeitos à legislação relativa aos direitos de autor.

7 – O CLIENTE não pode copiar, para qualquer fim que entenda justificado, os programas em causa, devendo fornecer instruções internas relacionadas com a necessidade de protecção dos direitos de autor pertencentes ao FORNECEDOR.

8 – Sem prejuízo do estipulado no número anterior, e dependendo de acordo prévio do FORNECEDOR, o CLIENTE poderá criar cópias de "back up" dos programas licenciados, devendo sempre invocar e provar a perda total ou parcial do programa ou a sua impossibilidade de uso.

### 6.º – Uso dos programas

1 – O uso dos programas licenciados está limitado às instalações indicadas pelo CLIENTE.

2 – Caso o CLIENTE pretenda alterar o local de uso dos programas licenciados, deverá notificar o FORNECEDOR, por escrito, com 15 dias de antecedência.

3 – O CLIENTE não tem qualquer direito a comercializar ou licenciar os programas licenciados, objecto deste contrato, sem autorização expressa do FORNECEDOR, sendo em qualquer caso obrigatória a menção dos direitos de autor deste último.

### 7.º – Confidencialidade

O CLIENTE compromete-se a não divulgar qualquer informação proporcionada pelo FORNECEDOR, desde que esta seja identificada por este como "Confidencial".

### 8.º – Actualizações e cópias adicionais

1 – O FORNECEDOR obriga-se a dar conhecimento ao CLIENTE, no prazo de execução do presente contrato, de todas as actualizações dos programas licenciados, de forma a que este, caso entenda necessário, possa adquiri-los.

2 – Para o efeito previsto no artigo anterior, acordam as partes em que as actualizações consideradas necessárias, serão fornecidas e pagas nos termos de contratos adicionais que, após outorgados, farão parte integrante deste contrato.

3 – Assim como os originais e as actualizações, as cópias dos programas licenciados, requeridas pelo CLIENTE, são propriedade do FORNE-CEDOR.

### 9.º – Entrega e instalação dos programas

Os programas deverão ser entregues e instalados no local expressamente determinado pelo CLIENTE.

### 10.º – Provas de aceitação

1 – Ao CLIENTE cabe, nos 30 dias subsequentes à instalação dos programas, manifestar, por escrito, ao FORNECEDOR, a sua conformidade com as especificações técnicas do seu equipamento e o seu consequente normal funcionamento.

166     *Comércio Electrónico Contratos Electrónicos e Informáticos*

2 – Caso tal não aconteça, o CLIENTE interpelará o FORNECEDOR para que, no prazo máximo de 8 dias, proceda à substituição dos programas em causa.

### 11.º – Suporte técnico

O FORNECEDOR garante a existência e a qualidade dos serviços de suporte técnico necessários à correcta operacionalidade dos programas licenciados.

### 12.º – Garantia

1 – O FORNECEDOR garante perante o CLIENTE a normal capacidade operacional dos programas, pelo prazo de duração contratual.

2 – Durante o período de garantia o FORNECEDOR proporcionará ao CLIENTE, sem custos adicionais, os serviços necessários à correcção de eventuais erros ou defeitos detectados.

3 – Obriga-se o FORNECEDOR a garantir a acessoria técnica, por qualquer meio, assim como a assistência nas instalações do CLIENTE, em tudo o que se relacione com a operacionalidade e funcionamento dos programas instalados.

4 – Esta garantia cessa 60 dias após a resolução contratual, seja qual for o seu motivo.

5 – O FORNECEDOR não poderá transferir parcial ou totalmente a garantia conferida, sem o consentimento expresso do CLIENTE.

### 13.º – Resolução contratual

1 – Qualquer uma das partes pode resolver o presente contrato, devendo para o efeito comunicar a sua intenção à outra parte, com a antecedência mínima de 30 dias.

2 – A comunicação referida no número anterior deverá ser efectuada por carta registada com aviso de recepção, devendo conter os fundamentos considerados essenciais para a decisão de resolução.

### 14.º – Cláusula penal

Independentemente de quaisquer outras responsabilidades decorrentes do incumprimento do presente contrato, obriga-se o FORNECEDOR, por cada dia de atraso na implementação do objecto contratual, ao pagamento ao CLIENTE de 1% do valor total do contrato, conforme previsto no Anexo 2, a descontar no pagamento final.

## 15.º – Alteração das cláusulas contratuais

Nenhum artigo do presente contrato pode ser alterado unilateralmente. Todas as alterações pretendidas por qualquer uma das partes deverá ser comunicada por escrito, com a antecedência mínima de 15 dias sobre a data para elas prevista.

## 16.º – Tribunal arbitral

As partes renunciam ao foro de cada uma das suas sedes, considerando como competente o Tribunal Arbitral correspondente.

O CLIENTE                                    O FORNECEDOR


Anexo 1 – Relação de programas

– .........................................................................
– .........................................................................
– .........................................................................
– .........................................................................


Anexo 2 – Preço e formas de pagamento

– Preço da instalação dos programas licenciados:

€ ......................................................................
– Preço da prestação de serviços (suporte e assistência técnica):
€ .....................................................................
– Preço total: € .....................................................
– Forma de pagamento: 3 prestações sucessivas e de valor igual, no montante de: € ...............................................................

O CLIENTE                                    O FORNECEDOR


Anexo 3 – Entrega e instalação dos programas

– Prazo de entrega dos programas e documentação: ....................
– Local da entrega: .......................................................................
– Prazo para a instalação dos programas: ...............................
– Local da instalação: ...........................................................

O CLIENTE                                    O FORNECEDOR

Anexo 4 – Cópias adicionais

– Número de série do programa original: ....................................
– Quantidade de cópias originais: ................................................
– Prazo de entrega das cópias adicionais: ...................................
– Preço unitário: € ...................................................................
– Preço total: € ......................................................................

O CLIENTE                                      O FORNECEDOR


Anexo 5 – Assistência técnica

1 – Serviços que integram a assistência técnica durante o período de garantia:

– ...................................................................................................
– ...................................................................................................
– ...................................................................................................
– ...................................................................................................

2 – Serviços que integram a assistência técnica após terminada a garantia:

– ...................................................................................................
– ...................................................................................................

O CLIENTE                                      O FORNECEDOR

## CONTRATO DE MANUTENÇÃO DE EQUIPAMENTOS DE PROCESSAMENTO AUTOMÁTICO DE DADOS

ENTRE

................................................ , Nif n.º ............................... , com sede em ...................................................... , neste contrato designado como CLIENTE

E

................................................ , Nif n.º ............................... ,com sede em ................................................................. aqui designado como FORNECEDOR,

É celebrado um contrato de manutenção de equipamentos de processamento automático de dados que se rege pelo constante nos artigos seguintes:

1.º

Pelo presente contrato o FORNECEDOR obriga-se a proceder a todos os serviços de manutenção preventiva e correctiva dos equipamentos informáticos do CLIENTE, sitos nos locais indicados no Anexo respectivo, de acordo com a proposta por si fornecida, a qual integra este documento como Anexo I.

2.º

1 – Todos os equipamentos informáticos a que este contrato se refere são da propriedade do CLIENTE.

2 – Os equipamentos informáticos submetidos ao objecto deste contrato são os descriminados no Anexo II.

3 – Ao FORNECEDOR cabe efectuar uma vistoria preventiva dos equipamentos informáticos, de forma a determinar o tipo de serviços a prestar.

4 – Em caso de necessidade de substituição de elementos ou de aquisição de acessórios essenciais à normal prestação dos serviços, deverá

# 170 *Comércio Electrónico Contratos Electrónicos e Informáticos*

o FORNECEDOR comunicá-lo e demonstrá-lo ao CLIENTE, no prazo de três dias, cabendo a este, nos três dias subsequentes, repor os equipamentos nas condições requeridas.

### 3.º

O presente contrato vigorará pelo prazo de um ano, a contar da data da sua assinatura.

### 4.º

1 – O preço dos serviços a prestar pelo FORNECEDOR é de € ......................................... , mensais.

2 – Todos os serviços que ultrapassem os previstos neste contrato, serão facturados separadamente.

3 – As despesas decorrentes de deslocações extraordinárias, não previstas neste contrato, serão igualmente facturadas em separado.

4 – Nos casos previstos nos números anteriores, obriga-se o CLIENTE ao pagamento das facturas nos trinta dias seguintes à sua apresentação.

### 5.º

O FORNECEDOR prestará os serviços de manutenção nos períodos e horários determinados pelo CLIENTE, os quais constam do Anexo III.

### 6.º

Os serviços de manutenção a prestar compreendem:

a) Manutenção preventiva, a qual incidirá sobre as especificidades de cada equipamento, correspondendo à sua desmontagem, limpeza, ajustamentos e provas de funcionamento.

b) Manutenção correctiva, que inclui análise e detecção de defeitos, reparações e substituição de peças e acessórios.

### 7.º

1 – O CLIENTE compromete-se a não efectuar quaisquer serviços de manutenção ou reparação dos equipamentos informáticos objecto do presente contrato.

2 – Todavia, desde que acordado por escrito com o FORNECEDOR, podem os técnicos do CLIENTE, devidamente preparados pelo FORNE-CEDOR, efectuar algumas reparações ou manutenção dos equipamentos, nos estritos termos do acordo referido.

3 – Os casos previstos no número anterior não implicam qualquer alteração do preço indicado no artigo 4.º.

8.º

1 – Obriga-se o CLIENTE, em caso de detecção de qualquer mau funcionamento dos equipamentos previstos neste contrato, a informar de imediato o FORNECEDOR e a facultar-lhe o acesso e os meios adequados à reparação a efectuar por este.

2 – Nos casos previstos no número anterior, obriga-se o FORNE-CEDOR a elaborar um relatório de onde conste a identificação da avaria, a data da sua verificação, a data do recebimento da notificação do CLIENTE e ainda a data da correcção da mesma.

9.º

Em caso de incumprimento deste contrato por parte do FORNECEDOR, nomeadamente atrasos ou violações dos horários previstos no artigo 5.º, ficará este sujeito à aplicação de uma penalidade correspondente a € ................., por cada dia de atraso, a descontar na factura mensal.

10.º

1 – O FORNECEDOR obriga-se a assegurar, com a máxima prontidão possível, o fornecimento de peças, equipamentos, componentes e dispositivos de substituição, de forma a garantir um óptimo nível de operacionalidade dos equipamentos informáticos.

2 – Todas as peças de substituição, depois de instaladas nos equipamentos, passam a ser propriedade do CLIENTE.

11.º

1 – O CLIENTE compromete-se a manter, conforme as especificações constantes da proposta do FORNECEDOR, as condições ambientais – temperatura e humidade – e eléctricas essenciais à prestação de serviços do FORNECEDOR.

2 – O uso dos equipamentos informáticos sob condições não conformes com a proposta e respectivas especificações do FORNECEDOR, determina a imediata suspensão deste contrato que apenas cessará quando forem repostas as condições adequadas.

## 12.º

Estão excluídos da prestação de serviços de manutenção:

a) Todo o tipo de trabalhos de electricidade que não tenham a ver com os equipamentos informáticos, objecto do presente contrato.
b) A reparação de danos causados por negligência, mau uso, acidente ou alteração da configuração dos dispositivos, efectuada por pessoas não autorizadas pelo FORNECEDOR.

## 13.º

O CLIENTE garantirá aos técnicos do FORNECEDOR o acesso aos equipamentos informáticos, desde que estes cumpram as normas internas de segurança do CLIENTE.

## 14.º

1 – O CLIENTE garantirá ainda ao FORNECEDOR, sem quaisquer custos adicionais, os espaços necessários à guarda de material de substituição, assim como, para a realização das operações de manutenção.

2 – As despesas relacionadas com estes locais, como energia eléctrica, ar condicionado ou comunicações são da responsabilidade do CLIENTE.

## 15.º

1 – O FORNECEDOR compromete-se a garantir a segurança e a integridade dos programas, dados e todo o tipo de informação pertencente ao CLIENTE.

2 – Compromete-se ainda a manter a confidencialidade dos programas, arquivos e sistemas de aplicação propriedade do CLIENTE.

## 16.º

1 – O CLIENTE e o FORNECEDOR acordarão, no prazo máximo de trinta dias a contar da assinatura do presente contrato, num plano de formação a administrar pelos técnicos do FORNECEDOR.

2 – Esta formação, que incidirá sobre o máximo de quatro pessoas por semestre, indicadas pelo CLIENTE, engloba o estudo e a prática da manutenção dos equipamentos informáticos.

## 17.º

O presente contrato não gera qualquer relação jurídica laboral entre o CLIENTE e o pessoal contratado pelo FORNECEDOR.

### 18.º

Nenhum artigo deste contrato pode ser, de algum modo, alterado, suprimido, ou modificado, sem o consentimento, por escrito das partes.

### 19.º

Em caso de incumprimento contratual por motivo não justificado, poderá o presente contrato ser resolvido por qualquer uma das partes, mediante aviso prévio, por escrito, com trinta dias de antecedência.

### 20.º

Em caso de litígio decorrente da execução deste contrato, consideram as partes como competente o Tribunal Arbitral.

O CLIENTE                           O FORNECEDOR

ANEXO I

**\* Proposta do FORNECEDOR**

ANEXO II

**\* Relação dos equipamentos informáticos**

- ...........................................................................
- ...........................................................................
- ...........................................................................
- ...........................................................................

O CLIENTE                           O FORNECEDOR

ANEXO III

**\* Horário de trabalho**

O CLIENTE                           O FORNECEDOR

# CONTRATO DE HOSPEDAGEM (HOSTING) DE WEBSITE

Webhosting SA, com sede em........................................, contribuinte n.º..........................., doravante designado como CONTRATADA

E

......................................... , com sede em ....................................., contribuinte n.º................................................ , adiante designada como CONTRATANTE, é celebrado o presente contrato de prestação de serviços de hospedagem dos dados digitais do site desta, que se rege pelas cláusulas seguintes:

1.ª

1 – O presente contrato tem por objecto a prestação dos serviços necessários à hospedagem do site da CONTRATANTE, na modalidade e plano por esta escolhida, através do formulário web específico para este fim, cuja versão escrita integra este contrato.

2 – A CONTRATANTE poderá, em qualquer altura, contratar os serviços opcionais oferecidos pela CONTRATADA, devendo, para o efeito, solicitá-lo por escrito.

3 – A lista dos serviços opcionais fornecidos pela CONTRATADA e respectivos preços, consta do site htpp:// www.............com.

2.ª

1 – O presente contrato é celebrado pelo prazo de três meses, renovável por iguais períodos sucessivos desde que não seja validamente rescindido.

2 – Em caso de denúncia, deverá qualquer uma das partes comunicá--la, por escrito, com a antecedência mínima de trinta dias.

## 3.ª

1 – Pela prestação do serviço de registo do domínio da CONTRA-TANTE junto da entidade competente, pagará esta à CONTRATADA, de uma única vez, a taxa definida por aquela entidade.

2 – Caso a CONTRATANTE já possua um domínio registado em seu nome, estará isenta do pagamento da taxa de inscrição.

3 – Pela prestação do serviço de gestão do registo da CONTRA-TANTE junto da entidade competente, a CONTRATANTE pagará semestralmente, de forma antecipada, o valor estipulado no plano contratado.

4 – Pela prestação dos serviços de armazenamento do site da CON-TRATANTE, na modalidade hosting, pagará esta à CONTRATADA o valor correspondente ao plano escolhido e contratado.

5 – A cobrança dos serviços extras previstos e especificados no plano contratado, ocorrerá mensalmente após a prestação do serviço, sempre que o valor ou a soma dos valores devidos pela CONTRATANTE, for igual ou superior a € ................

6 – A não utilização pela CONTRATANTE da totalidade dos serviços contratados, principalmente no que respeita a volume de tráfego e espaço de armazenamento contratado, não implicará nenhum crédito ou desconto para a CONTRATANTE.

7 – Pela prestação dos serviços adicionais, a CONTRATANTE pagará nos termos do serviço contratado, ou de acordo com o estipulado ou negociado expressamente com a CONTRATADA.

8 – O tráfego total mensal, medido do primeiro ao último dia do mês, será calculado a partir da soma do tráfego de e-mail, número de acessos ao site (web) e transferência de arquivos (ftp) ou qualquer outra forma de transmissão de dados relacionados com os sites desenvolvidos pela CONTRATANTE, desde que seja veiculada pela infra-estrutura de ligação à Internet da CONTRATADA.

9 – Sempre que o tráfego exceda o total estabelecido no plano contratado, pagará a CONTRATANTE à CONTRATADA € .............., por cada megabyte em excesso.

## 4.ª

O pagamento do preço referido na cláusula anterior, será efectuado por transferência bancária, conforme instruções constantes do formulário web específico para este fim.

**5.ª**

Constituem obrigações da CONTRATANTE:

- Pagar atempadamente os serviços prestados ou contratados, inclusive os serviços especificados como extras no plano contratado, que eventualmente tenham sido prestados, assim como serviços adicionais contratados separadamente.
- Responsabilizar-se pelo conteúdo das informações, dados e materiais audio visuais veiculados pela CONTRATANTE através dos recursos e serviços da CONTRATADA.
- Não instalar ou executar programas, procedimentos ou aplicativos que, de acordo com as instruções da CONTRATADA, prejudiquem ou possam vir a prejudicar o bom funcionamento dos equipamentos da CONTRATADA e em consequência a qualidade dos serviços por esta prestados.
- Não enviar e-mails com publicidade não autorizada (SPAM).
- A CONTRATANTE atesta que os conteúdos veiculados não violam a moral, ordem pública ou legislação vigente.

**6.ª**

São obrigações da CONTRATADA:

- Prestar todos os serviços constantes do presente contrato.
- Fornecer todas as informações necessárias à inscrição e registo do domínio da CONTRATANTE junto das entidades competentes.
- Prestar, em regime de permanência, todos os serviços de apoio técnico à CONTRATANTE.
- Informar a CONTRATANTE, sempre que esta, de forma deliberada ou não, causar danos à infra estrutura da CONTRATADA ou aos serviços prestados por esta.

**7.ª**

1 – Se por sua única e exclusiva responsabilidade, a CONTRATADA não cumprir o objecto do presente contrato, a CONTRATANTE terá direito a uma compensação correspondente ao direito ao crédito aferido em função do tempo que durar o incumprimento.

2 – A CONTRATADA responderá perante a CONTRATANTE por todos os danos e prejuízos resultantes dos seus actos ou omissões, sejam de sua iniciativa ou de qualquer um dos seus representantes.

## 8.ª

1 – A CONTRATADA poderá em qualquer momento, sem dependência de aviso prévio, rescindir o presente contrato e suspender a prestação de serviços, sempre que a CONTRATANTE não proceda ao pagamento de qualquer valor decorrente deste contrato, até ao prazo máximo de 15 dias após o respectivo vencimento.

2 – A CONTRATADA reserva-se o direito de rescisão contratual e suspensão da prestação de serviços, sempre que se verifique violação grosseira do estipulado neste documento, ou se constate um uso indevido pela CONTRATANTE dos serviços prestados, ou ainda quando esta atentar contra a integridade das infra estruturas e serviços da CONTRATADA.

3 – Tendo-se verificado suspensão da prestação de serviços sem rescisão contratual, a CONTRATADA informará por escrito a CONTRATANTE das alterações que esta terá de efectuar, de forma a garantir o reinício da prestação de serviços.

4 – Sendo o contrato rescindido, por qualquer que seja o motivo, não fica a CONTRATADA obrigada a manter disponível, operacional ou acessível ou ainda a efectuar e armazenar cópias de segurança dos dados, arquivos ou informações da CONTRATANTE.

5 – Qualquer uma das partes poderá fazer extinguir este contrato, bastando para tal que a sua intenção seja comunicada, por escrito, com trinta dias de antecedência.

## 9.ª

1 – As cláusulas e condições previstas neste contrato poderão ser derrogadas ou alteradas, desde que resulte de acordo escrito entre as partes.

2 – O presente contrato e os documentos que o integram contêm termos técnicos em língua estrangeira, sobre os quais, desde já, as partes declaram estar cientes do seu conteúdo e significado.

## 10.ª

Em caso de incumprimento por caso fortuito ou de força maior, não poderá vir a ser responsabilizada qualquer uma das partes contratuais, devendo a parte impossibilitada de cumprir avisar a outra, por escrito, explanando a motivação do incumprimento.

**11.ª**

Acordam as partes em designar o foro da Comarca de..............., como o competente para dirimir todas as questões emergentes do presente contrato.

Data

A CONTRATADA                                        A CONTRATANTE

## CONTRATO DE LEASING INFORMÁTICO

Entre:

........................................ , NIPC ................................. , com sede em ..................... , neste contrato designado como Locador,

E

.............................................. , CF n.º ........................... , residente em ....................... , adiante designado como locatário,

É celebrado o presente contrato de locação financeira, que se rege pelas cláusulas seguintes:

1.ª

O presente contrato tem por objecto a locação financeira dos equipamentos informáticos especificados no Anexo I, cujas características nele se encontram detalhadas e que se destinam a ser usados como servidores web e servidores de bases de dados.

2.ª

Os equipamentos entregues não poderão ter um destino diverso do previsto neste contrato.

3.ª

O locatário inspeccionará os equipamentos informáticos locados, reconhecendo o seu perfeito estado e a sua adequação ao uso a que se destinam.

4.ª

1 – O preço da locação dos equipamentos relacionados no Anexo I, é de € ...................................

182　　Comércio Electrónico Contratos Electrónicos e Informáticos

2 – O referido preço será pago pelo locatário ao locador sob a forma de rendas mensais iguais e sucessivas no valor de € ..................

3 – Na data de assinatura do presente contrato o locatário procederá ao pagamento da 1.ª renda, constituindo este documento quitação desse pagamento.

5.ª

1 – Na data referida no artigo anterior, o locatário entrega ao locador a quantia de € ..................... a título de garantia de cumprimento das obrigações resultantes deste contrato.

2 – A referida quantia será devolvida ao locatário à data do fim do presente contrato, desde que não fique pendente nenhuma das obrigações por si contraídas.

6.ª

1 – O prazo de duração da locação é de 36 meses, tendo o seu início na data da assinatura deste contrato e o fim a ...............................

2 – À data do fim do contrato poderá o locatário exercer a opção de compra dos equipamentos, de acordo com as condições adiante previstas.

7.ª

1 – O locatário deverá pagar as rendas previstas na cláusula 4.ª, no prazo e forma estipuladas neste contrato.

2 – Em caso de incumprimento obriga-se o locatário a devolver ao locador os equipamentos locados, tendo este último direito a conservar as rendas vencidas e pagas, a receber as rendas vencidas e não pagas e ainda juros de acordo com o estabelecido na lei.

8.ª

1 – O locatário obriga-se a cuidar de forma diligente dos equipamentos locados, mantendo-os em perfeito estado de funcionamento e conservação.

2 – O locatário responsabiliza-se por qualquer deterioração total ou parcial dos equipamentos informáticos objecto do presente contrato, correndo por sua conta todas as reparações, revisões, substituição de peças ou componentes do equipamento locado.

3 – O locatário obriga-se a restituir o bem locado ao locador no fim do presente contrato, nas condições em que se encontrar, sendo responsável

por todas as deteriorações nos equipamentos, excluindo as resultantes do desgaste natural, consequência do seu uso durante a vigência do contrato.

4 – O locatário obriga-se ainda a respeitar o direito de propriedade do locador sobre o bem locado, não podendo, assim, cedê-lo, alugá-lo ou transmitir o seu uso e fruição por qualquer forma, sem o consentimento expresso do locador.

### 9.ª

1 – À data do fim deste contrato, não existindo qualquer incumprimento por parte do locatário, poderá este exercer o direito de opção de compra dos equipamentos informáticos locados.

2 – Acordam as partes, que o referido exercício de opção de compra pelo locatário, depende do pagamento do valor residual de € ..........., a liquidar no momento em que o locatário manifeste a sua decisão de exercer esse direito.

### 10.ª

O locador obriga-se a entregar o bem objecto deste contrato em perfeitas condições para o uso a que se destina.

### 11.ª

Qualquer uma das partes poderá resolver o presente contrato, em caso de incumprimento de qualquer uma das suas cláusulas.

### 12.ª

As partes consideram como competente, para a resolução de todo e qualquer litígio resultante deste contrato, o foro da Comarca de..............

Data

O Locador                    O Locatário

ANEXO I

Equipamentos informáticos

– Tipo – ..............................................................
– N.ᵒˢ de série –..............................................................
– Especificações – ..............................................................

## CONTRATO DE COMPRA E VENDA DE SITE WEB

Entre:

................................................ , contribuinte n.º................ , residente em ................................. , aqui designado como VENDEDOR

e

................................., Pessoa Colectiva n.º........................, com sede em ......................................................... , adiante designado como COMPRADOR

É, livremente e de boa fé,celebrado o presente contrato de compra e venda de site web, que se regula pelo constante nos seguintes artigos:

1.º

1 – O VENDEDOR criou e desenhou um site web, com todos os elementos textuais e visuais adequados às necessidades do COMPRADOR, que o poderá comercializar e explorar devidamente.

2 – Estão excluídas deste contrato todas as licenças de software e hardware.

2.º

Por este contrato o VENDEDOR transfere através da sua venda, a titularidade da totalidade dos direitos de propriedade intelectual e industrial do site web, para o COMPRADOR que os pretende adquirir.

3.º

Assim, de acordo com o presente contrato, o COMPRADOR adquire a propriedade absoluta de todos os direitos de propriedade intelectual e industrial do site web, passando a ser o seu único proprietário para todos os efeitos legais.

## 4.º

1 – Pela transmissão dos referidos direitos as partes estipularam como preço o valor de € .....................................

2 – O mencionado preço é pago no momento da assinatura do presente contrato, que assim constituirá o respectivo recibo de quitação.

## 5.º

A transmissão dos direitos referidos no artigo 2.º, envolve a cedência exclusiva e perpétua ao COMPRADOR de todos os direitos de exploração do site web, de entre os quais se encontram os direitos de reprodução, distribuição, comunicação pública, transformação e tradução.

## 6.º

A venda a que este contrato se refere não tem qualquer limitação territorial.

## 7.º

1 – Ao COMPRADOR é garantida a possibilidade de introduzir no site todas as modificações que considere adequadas às suas necessidades.

2 – Poderá igualmente o COMPRADOR corrigir eventuais erros de programação ou outros, assim como efectuar as cópias e versões que entender.

## 8.º

O VENDEDOR garante, ao momento da celebração deste contrato que:

a) é o único exclusivo titular de todos os direitos relacionados com o site web objecto do presente contrato, assim como de todos os seus elementos;

b) que obteve, junto das entidades competentes, os registos e autorizações necessárias para a exploração do citado site; e

c) que todas as taxas, emolumentos e demais encargos foram integralmente pagos às entidades referidas na alínea anterior.

### 9.º

O VENDEDOR responsabiliza-se por todos os defeitos que possam surgir nos programas que integram o site web, sempre que o COMPRADOR prove não terem sido resultado de alterações por si efectuadas.

### 10.º

Cabe ao VENDEDOR indemnizar o COMPRADOR por eventuais responsabilidades ao primeiro imputáveis, por violação dos direitos de propriedade intelectual e industrial de terceiros.

### 11.º

Acordam as partes em designar o foro da Comarca de................, como competente para dirimir qualquer litígio resultante do presente contrato.

Data

O VENDEDOR                              O COMPRADOR

# CONTRATO DE ARRENDAMENTO DE EQUIPAMENTOS DE PROCESSAMENTO AUTOMÁTICO DE DADOS

Entre:

........................................................ , NIPC ........................ , com sede em .......................................... , adiante designado como CLIENTE

e

........................................................ , NIPC ........................ , com sede em ........................ , neste contrato designado como FORNECEDOR

É livremente e de boa fé celebrado o presente contrato de arrendamento de equipamentos de processamento automático de dados, que se rege pelo previsto nos artigos seguintes:

1.º

1 – Por este contrato o Fornecedor dá de arrendamento ao Cliente as máquinas e dispositivos relacionados no Anexo I deste contrato, os quais serão instalados nos locais a indicar pelo Cliente.

2 – A propriedade das referidas máquinas e dispositivos é do Fornecedor.

2.º

1 – O preço do arrendamento é de € .................... anuais, a pagar pelo Cliente em rendas mensais iguais, no valor de € ..........................

2 – O pagamento das rendas será efectuado por transferência bancária para conta a designar pelo Fornecedor, até ao dia 5 de cada mês.

3.º

1 – O Fornecedor obriga-se a entregar e instalar as máquinas e dispositivos objecto deste contrato, garantindo o seu perfeito funcionamento, assim como a sua adequação ás especificações solicitadas pelo Cliente.

190     *Comércio Electrónico Contratos Electrónicos e Informáticos*

2 – Acordam as partes, que a entrega e a instalação referida no número anterior será efectuada no prazo máximo de 15 dias após a assinatura do presente contrato.

4.º

O Fornecedor obriga-se a prestar ao Cliente serviços de manutenção e reparação de cada uma das máquinas e dispositivos arrendados, assim como a fornecer, durante a vigência deste contrato, todas as peças de substituição necessárias ao bom funcionamento das mesmas, sem qualquer custo adicional para o Cliente.

5.º

O início do pagamento das rendas previstas no artigo 2.º, a efectuar pelo Cliente, só ocorrerá após terem sido efectuadas provas que comprovem o funcionamento mínimo de todas as máquinas e dispositivos arrendados eo Cliente, em consequência, emitir, por escrito, uma declaração de aceitação dos mesmos.

6.º

Quando, por razões de força maior ou caso fortuito, efectivamente comprovadas pelo Cliente, o Fornecedor não possa cumprir o prazo de entrega e instalação previsto no artigo 3.º, o Cliente poderá conceder uma prorrogação de prazo não superior ao prazo original, ou, livremente, resolver o presente contrato.

7.º

Após a entrega das máquinas e dispositivos, mantém o Fornecedor a responsabilidade por quaisquer danos que sobre eles incidam, salvo se esses danos resultarem de actuação comprovadamente imputável ao Cliente.

8.º

1 – O Cliente submeterá todas as máquinas e dispositivos a um período de prova de funcionamento.

2 – O referido período terá início na data da emissão da declaração de aceitação prevista no artigo 5.º e terminará no prazo máximo de 30 dias.

3 – Durante este prazo, todas as máquinas e dispositivos deverão alcançar 100% da sua operatividade.

4 – Caso este nível não seja atingido no prazo referido, o Cliente compromete-se a conceder ao Fornecedor um prazo adicional de 30 dias.

5 – Se findo este prazo não for alcançado o nível estipulado neste artigo, poderá o Cliente resolver o contrato, obrigando-se o Fornecedor a pagar ao Cliente, a título de indemnização, o triplo das rendas entretanto pagas.

### 9.º

1 – O Fornecedor é responsável por todas as avarias que se verifiquem nas máquinas e dispositivos arrendados, desde que estas não resultem de causa imputável ao Cliente.

2 – Se as máquinas e dispositivos permanecerem fora de serviço por um período de 24 horas, o Fornecedor atribuirá um crédito ao Cliente, correspondente a 1,5% do valor da renda mensal, sempre que a avaria não tenha resultado de má utilização ou negligência do Cliente ou ainda do uso de programas ou componentes inadequados.

3 – Caso a inoperatividade das máquinas e dispositivos ultrapasse 48 horas consecutivas, obriga-se o Fornecedor, para além da atribuição do crédito mencionado no número anterior por cada período de 24 horas, à substituição das máquinas e dispositivos em causa por outras com as mesmas especificações.

### 10.º

O Cliente só poderá introduzir modificações nas máquinas e dispositivos arrendados se o Fornecedor, por escrito, expressar o seu consentimento.

### 11.º

Obriga-se o Cliente, dado que as máquinas e dispositivos objecto deste contrato se encontram sob a sua administração, supervisão e controle, a dar-lhes um uso prudente e cuidado.

### 12.º

Obriga-se o Fornecedor, sem qualquer custo adicional, a promover a formação técnica das pessoas que o Cliente indicar, de forma a obter o adequado funcionamento e operacionalidade dos equipamentos de processamento automático de dados, objecto do presente contrato.

192     *Comércio Electrónico Contratos Electrónicos e Informáticos*

### 13.º

O presente contrato é celebrado pelo prazo de 12 meses, renovando--se automaticamente por iguais períodos, desde que nenhuma das partes o denuncie, por escrito, com 30 dias de antecedência.

### 14.º

1 – O Fornecedor garante ao Cliente que todos os equipamentos arrendados se encontram livres de qualquer defeito ou anomalia, correspondendo às especificações indicadas pelo Cliente.

2 – Se no decurso do período de garantia for detectado algum defeito em qualquer um dos componentes dos equipamentos arrendados, sendo comprovado que tal defeito não resultou de má utilização por parte do Cliente, obriga-se o Fornecedor à imediata reparação ou substituição dos componentes em causa, suportando os inerentes custos.

3 – O período de garantia será de 8 meses para os equipamentos de processamento automático de dados e de 4 meses para todos os dispositivos periféricos.

4 – A garantia prevista no número anterior terá o seu início na data da emissão da declaração de aceitação mencionada no artigo 5.º.

5 – Durante o período de garantia o Fornecedor proporcionará ao Cliente a acessoria técnica adequada.

6 – A garantia cessa sempre que os defeitos ou avarias verificados resultem de negligência ou má utilização por parte do Cliente.

### 15.º

Obriga-se o Fornecedor, sem qualquer custo adicional, a prestar ao Cliente os serviços de manutenção do equipamento, após o fim do período de garantia.

### 16.º

Obriga-se o Cliente a garantir o acesso dos técnicos do Fornecedor a todos os locais onde se encontram os equipamentos arrendados, de forma a que se possam efectuar normalmente os trabalhos de instalação e manutenção.

### 17.º

O Fornecedor compromete-se a garantir a confidencialidade de todos os dados do Cliente aos quais, eventualmente, possa ter tido acesso.

## 18.º

O presente contrato não cria qualquer relação jurídica laboral entre o Cliente e os técnicos do Fornecedor.

## 19.º

Nenhum artigo deste contrato poderá ser suprimido ou alterado unilateralmente. Todas as propostas de alteração deverão ser efectuadas por escrito, assim como a sua aceitação.

## 20.º

As partes atribuem, para a resolução de qualquer litígio emergente deste contrato, competência exclusivo ao foro da Comarca de ............

Data

O Fornecedor                                        O Cliente

## ANEXO I

• Descrição dos equipamentos e dispositivos

............................................................................................

• Especificações

............................................................................................

## IX – Bibliografia

KALAKOTA R., Whinston A. – "Electronic commerce: A manager's guide", N.Y., Addisson – Wesley, 1997.

ALBERTIN A. – "Comércio electrónico", Atlas, S. P., 1999.

RAVINDRAN S., Barva A., Lee B., Whinston A. B. – "Strategies for smart shopping in cyberspace", Tapscott,1996.

RUH Jr., Joseph F. – "The Internet and business: a lawyer's guide to the emerging legal issues", Computer Law Association, 1996.

BARRET, Neil – "Digital crimes", Kogan Page, London, 1997.

KEEW G.W. & Balance C. – "On-line profits: a manager's guide to electronei commerce", Boston, Harvard Business School Press,1997.

VARELA, Antunes – "Das Obrigações em geral", I vol., 2.ª ed., Almedina.

PRATA, Ana – "Diccionário Jurídico", 2.ª ed., Almedina.

PINTO, Mota – "Teoria Geral do Direito Civil", 3.ª ed., Coimbra Editora.

COSTA, Almeida – "Direito das Obrigações", Coimbra Editora.

LIMA, Pires e Varela, Antunes – "Código Civil Anotado", 3.ª ed., Coimbra Editora.

BARBAGALO, E. – "Contratos electrónicos", Saraiva, S.P. 2001.

EDWARDS, Lilian – "Law and Internet: regulating cyberspace", Waelde, EUA, 1997.

"Diccionário Trivium de Direito e Economia", Trivium, Madrid, 1998.

RICHARDS, James R. – "Transnational criminal organizations, cybercrime & money", EUA,1998.

VENTURA, L.H. – "Comércio e contratos electrónicos", Edipro, S.P., 2001.

ROCHA M., Rodrigues M., Andrade M., Correia M. e Carreiro H. – "As leis do Comércio Electrónico", Ed. Centro Atlântico, 2000.

HUERTA, Urbano – "Delitos Informáticos", Consur, 1996.

RODRIGUEZ, Davara – "Derecho Informático", Ed. Aranzadi, Espanha.

- Outras fontes de consulta


- Ministério da Justiça – http:// www.mj.gov.pt
- Amazon – http:// www.amazon.com
- Comissão das Nações Unidas para o Direito Comercial Internacional – UNCITRAL – http://www.uncitral.org./index.htm
- "Press releases" da Comissão Europeia – http://europa.eu.int/rapid
- Legislação comunitária – http:// europa.eu.int/eur-lex
- Legal Information Institute – Cornell Law School – http:// www.law.cornell.edu
- Ministério da Ciência e Tecnologia – http://www.mct.pt
- E – Commerce and Internet Law Resource Center – Perkins Coie LLP – http:// perkinscoie.com
- Ordem dos Advogados – http://www.oa.pt


– Todas as traduções são da responsabilidade do autor.

# ÍNDICE

| | | |
|---:|---|---:|
| I | – Introdução | 5 |
| II | – O Comércio Electrónico | 7 |
| | – A Internet | 40 |
| III | – A Criminalidade Informática na Internet | 45 |
| IV | – A Segurança do Comércio Electrónico | 53 |
| | – A Assinatura Digital e a Criptografia | 54 |
| | – A Certificação Digital e as Entidades Certificadoras | 63 |
| V | – Os contratos electrónicos | 73 |
| VI | – Os Contratos Informáticos | 83 |
| VII | – Legislação | 91 |
| VIII | – Minutas | 147 |
| IX | – Bibliografia | 195 |